“茅舍槿篱溪曲”

“门外春波荡绿”

踏上回归精神故里寻古探幽的旅程，

感受乡土的温暖与润泽，

体味精神家园的馨香。

"十三五"
国家重点图书
出版规划项目

中国历史文化名城·名镇·名村丛书

中國歷史文化名鎮

河北天长

中国民间文艺家协会 / 组织编写
总主编 / 潘鲁生 邱运华
本卷主编 / 何克宁 马 佶

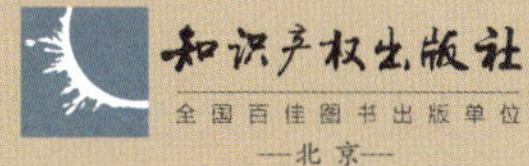

《中国历史文化名镇·河北天长》

编委会

积聚海量信息 寻觅科学路径（序一）

邱运华

传统村落保护是当下中国文化遗产保护工作中最重要的社会性课题之一。对于一个具有绵延五千年不间断农业文明的民族来说，传统村落能否得到妥善保护更是一个文明能否传承的关键问题。

传统村落保护是当代社会发展的普遍问题，不独中国社会存在，西方发达国家存在，东方发达国家也存在。从世界范围看，这是一个国家从欠发达到发达、从农业社会过渡到工业社会、从以农村为主体发展到城镇化生活方式过程中普遍存在的问题。有学者把中国农村经济结构改造、社群建设、新文化建设和整体民生改善工作这一进程，追溯到 20 世纪 50 年代。但我以为，它毕竟不是我们现在所处的整体转向工业化、城市化进程中遇到的课题。中国社会同一性质的乡村保护课题，起源还是世纪之交的 2003 年 2 月 18 日“中国民间文化遗产抢救工程”。2012 年 12 月 12 日，住房和城乡建设部、文化部、财政部联合发布《关于加强传统村落保护发展工作的指导意见》，2014 年 4 月 25 日，除上述三部外又增加了国家文物局，联合发布《关于切实加强中国传统村落保护的指导意见》，两次重申传统村落保护的联合行动。冯骥才先生在 2012 年的一篇文章里把传统村落保护提高到文明传承的高度，我认为非常正确。中国社会各界对传统乡村保护的问题，有着非常积极的呼应。

中国是发展中国家，但是从东部、南部和东南部区域看，具有发达国家的基本特征。农村人口从西部向东部、从村落向城镇转移，是 1990—2010 年之间最重要的社会现象，这一巨大的人口变迁集中表现为城镇人口急速膨胀、传统村落急速空心化，不少历史悠久的自然村落仅仅剩下老人和儿童。因此，传统村落的保护在中国面临的问题，与发达国家相比，具有共同性。例如，从“二战”后恢复到工业化时期，德国和日本先后进行的村落更新或改造项目，具有几个明显特征：一是以激发村落内部活力、发展农村经济作为前提，以改造农村基本生活设施作为基础展开；二是村落更新或再造项目以土地管理法令的再研究作为保障；三是建立了学术界论证、公布更新或再造规划、政府支持的财政额度及投入指向、个性化改造方案与村民意愿表达的有效沟通机制，有效保障村落历史文化、自然风景、公共空间与私人空间等要素。综合来看，先行的国家特别注重传统村落的“民间日常生活”保存问题。

所谓“民间日常生活”的具体含义是什么？乃指传统村落村民群体的方言、交往方式、经济生产活动、衣食住行、生老病死、教育、节日活动、传统风俗、民间信仰活动以及区域性的传统手工艺活动等，以及上述种种的精神性、思想性、文化性、艺术性和物质性表现形态。长期以来，中国传统村落之所以成为民族文化的保留者和传承平台，核心在于保存着这个民间日常生活，它的内容和方式，在民间日常生活的基础上，方可承载不同样式、层次的民族文化。

之所以在这里提出“民间日常生活”作为传统村落的文化基础问题，乃是因为看到目前对待传统村落的两种观点具有一定的欺骗性，并不同程度地主宰和误导了传统村落的基本价值指向。一种是浪漫主义传统村落观，一种是商业主义传统村落观。浪漫主义传统

村落观把传统村落理想化、浪漫化，仿佛传统村落是用来怀旧的，象征着一切美好的自然与人类的和谐，田园风光，日出而作，日落而息，男耕女织，像是《桃花源记》里的武陵源，“不知有汉，无论魏晋”。但是，这不是民间日常生活；民间日常生活还包含在落后生产力条件下的温饱之苦、辛劳之苦，是传统村落里百姓的生活常态；生产关系之阶级阶层压迫、政治强权和无权地位，以及在自然面前束手无策，在兵灾、匪患和种种欺男霸女面前的悲惨状态，甚至中华人民共和国成立以来出现过的政治压迫、思想禁锢和社会运动之灾，是乡村浪漫主义者无法想象的，而这，就是大多数传统村落的民间日常生活。文人雅士，在欣赏田园风光和依依炊烟之时，能否探入茅舍，去看看灶台、铁锅和橱柜，去看看大量农夫、农妇的身子，他们是否仍然饥饿、寒冷？或者他们的孩子是在劳作还是就学？商业主义传统村落观呢，则直接把传统村落改造成伪古典主义的模板，打造成千篇一律的青砖瓦房，虚构出一系列英雄史诗和骑士传奇，或者才子佳人和神异仙境的故事，两者相嫁接，转化为商业价值或者政绩价值，成为行政或市场兜售的噱头，这一行为成为当下传统村落“保护”的常态。这两种传统村落观，一个共同的特点是把村落与民间日常生活相割裂，抹杀了民间日常生活在传统村落里的价值基础，从而，也直接把世世代代生活于这一场景的村民们赶出村落，嫌他们碍事，妨碍了我们的浪漫主义和商业主义梦想；他们不在场，我们可以肆意妄为地文化狂欢。那些在民间日常生活中久存的精神性的、思想性的、文化性的、艺术性的符号，均不在话下。但是，假如村民不在场，社群活力不再，传统村落如何是活态的呢？西方哲学有一个时髦术语，叫作“主体缺失”，因为主体缺失，因而话语狂欢。

关注传统村落的村民，无疑是中国传统村落保护的第一要素。但恰好是人这第一要素构成了传统村落的凋敝和乡愁的产生。

1990 年至 2010 年这二十年，一些区域传统村落里村民流动性的增强，特别是青壮年村民向东部、东南部和南部沿海地区季节性的流动，极大地影响了这些区域传统村落民间日常生活的展开，减弱了传统村落的社群活力，也相应削弱了传统文化活动的开展。这样，构成传统村落民间日常生活的内容慢慢演变成淡黄色、苍白色，成为一种模糊记忆，抑或转化为一年一度的春节狂欢，最后，演变定格成为日常性质的乡愁。民间日常生活不再完整地体现在现在乡村生活之中。那个完整的民间日常生活，在我们不得不离开它的土壤之后，便蜕变为乡愁。乡愁这只蝴蝶的卵，就是民间日常生活。而伴随着乡愁这只蝴蝶而出现的，却是一个个村落日常生活不断凋敝、慢慢消失。乡愁成为我们必须抓住的蝴蝶，否则，我们的家乡便消失在块垒和空气之中，我们千百年创造的文化便无所依凭。然而，据统计，在进入 21 世纪（2000 年）时，我国自然村总数为 363 万个，到了 2010 年，仅仅过去十年，总数锐减为 271 万个。十年内减少约 90 万个自然村。若是按照这个速度发展下去，三年、五年之后，我们的传统村落便所剩无几了。也就是说，出生和成长在这些村落而现在散居在世界各地的人们，将无以寄托他们的乡愁。若是其中有的村落有几百年、上千年甚至更久远的历史呢？若是其中有的村落有着华夏一个独特姓氏、家族、信仰和其他各种人文景观等呢？

越来越多的学者开始从事传统乡村保护的研究工作，例如《人

民日报》2016年10月27日发表了《老宅、流转、新生》为题的介绍黄山市探索古民居保护新机制的文章，还配发了题为《古民居保护，避免“书生意气”》的评论；《中国文化报》2016年10月29日发表了题为《同乡村主人一起读懂文化传承》的文章，提出了“新乡村主义”的概念，在它的题目之下，包含有乡村治理、乡村重建和乡村产业化的多功能孵化等内容。为此，文章提出了“政府在制定政策方面、标准化编列预算、聘请专家团队和NGO组织，进行顶层设计、人才培养、产业孵化和公共服务”四项基本措施，还配发了《莫让古民居保护负重前行》的文章。《光明日报》2016年11月15日发表了题为《福建土堡：怎样在发展中留住乡愁》的报道，记叙了专家考察朱熹故乡福建三明尤溪土堡的过程；记者报道了残存的土堡现状，记录下专家们的意见：政府与社会资本合作的“PPP模式”，面对乡村人口日趋减少的不可逆现实，应该吸引城市中的人回到乡村，将土堡打造为“民宿”，在不破坏现有形制的前提下，实现功能更新。也有专家提出，就保护而言，首先应该考虑当地人，人的利益是优先的，只有做到长期发展而不是只顾短期利益，文化遗产保护事业才能够持续发展，等等。

上述建议，已经超越了简单的乡愁情怀，而诉诸国家土地法规、资金筹措模式、专家功能实现等层次。应该说，在越来越深入研究、讨论的基础上，对传统村落保护的思路越来越宽了，为政府制定传统村落保护法提供了良好的基础。在国家立法的基础上，国家、地方政府组织专家开展普查，确认传统村落的级别，分别实施不同层次的激活、保护、开发，才有坚实的基础。

我理解，通过专家学者的普查、认定，得出的结论一定会有利于政府形成健全完备的保护方案和具体操作措施。一方面，对仍然有社群活力的乡村，实施新农村建设规划，改善其经济机制，改建生活设施，改善村民的生活条件，把工作重点聚焦到提高农业产业框架基础、为居民提供更好的生活环境、增强村庄文化意识、保存农村聚落特征上来。另一方面，为有着特殊文化传承却逐渐凋敝，甚至失去社群活力的乡村，探索一套完善保护的工作模式，形成一种工作机制，并得到国家法规政策的支持和保障，包括土地规划、投资体制、严格的环境保护，建立严格的农民参与机制等，为保留故乡记忆、记住我们的乡愁，留下一系列艺术博物馆、乡村技艺宾馆，产生具有独特价值的“乡愁符号”。

作为“中国民间文化遗产抢救工程”的重要项目之一，《中国历史文化名城·名镇·名村丛书》正是通过众多专家学者和民间文艺工作者辛勤的田野调查工作，在中国民协推动的“中国传统村落立档调查工程”所积聚的海量信息基础上，多学科、多视角地反映当下古城古镇和传统村落现状，发掘传统文化的独有魅力，进而为保护和传承优秀传统文化积累鲜活的素材，汇拢丰富的经验并寻觅科学的路径。相信这套丛书的出版将对古城古镇和传统村落的保护发挥积极作用。

2017 年 3 月

（作者系中国民间文艺家协会分党组书记、驻会副主席）

芬芳“乡愁”彰中华（序二）

郑一民

站在21世纪桥头，审视中华五千年文明，由历代劳动人民创造并守护的数以万计的历史文化名村、名镇、名城，堪称中华民族可以在世界上引以为豪的珍贵国家财富。在经济全球化、现代化高速发展，城市化进程汹涌而来的今天，保护历史文化名村、名镇、名城，不仅是时代赋予当代国人的神圣历史使命与责任，也是中华民族屹立于世界之林、实现伟大复兴的必然选择。

一个古老的村镇或城市，犹如一位饱经沧桑、阅世甚深的老人，既有深厚的文化积淀，又承载着世代子孙魂牵梦萦的“乡愁”。在古村、古镇、古城之前冠以“名”字，其历史文化价值更是非同凡响。她所承载的物质与非物质文化遗产，既是传递民族血脉和熏陶锤炼民族美德、优秀品格的重要精神食粮，也是构建社会主义核心价值观和具有中国特色美好家园的重要基石。在我国现代化建设快速发展中，科学记录和保护历史文化名村、名镇、名城的人文历史、自然风貌和各种原生态信息，是一件功在当代、利在千秋的伟大事业，对研究、传承、弘扬、创新中国传统文化和实现中华民族伟大复兴，具有深远的历史意义和重要的现实意义。

探究中华文明之河，始于涓涓，终于浩浩。历史文化名村、名镇、名城就是其中的“涓涓”，数以万计的涓涓才汇就中华文明的浩浩大河。作为“涓涓”，每一个名村、名镇、名城虽有体量大小之别，但都是一个自然的社会单元。她们是历代先人适应自然、利用自然、实现“天人合一”的见证，也是创造文明、积淀文明、传承文明的家园。其保存的年轮印痕、光阴故事、人生观、审美观、习俗信仰和生产、生活、居住方式等，犹如一部部五彩缤纷的百科全书，承载着民族的历史记忆和文化基因，闪烁着民族的智慧与品格，慰藉着我们的心田与灵魂，涵养着泱泱中华。从这个意义上讲，历史文化名村、名镇、名城是中华民族物质与非物质文化最大最重要的载体，保护名村、名镇、名城就是保护中华优秀传统文化。

著名文化学者罗杨在论述古村镇保护时说：“人类文明的进化不能没有积累和继承，历史的车轮可以碾过如梭的岁月，但不应拆毁我们心灵回归故里之路。”遗憾的是，在经济社会快速发展中，对古村镇和古城的保护还没有引起世人的应有关注和重视，致使不少古村镇和城市古街区在既无完整文字记载又缺乏图片记录的情况下，

便在时代洪流中消失了。针对这种现状，中国文联、中国民协在全国实施了中国传统村落立档调查工程。在此基础上，我们在中国民协和河北省委宣传部大力支持下，2016 年 10 月在全国率先启动了《中国历史文化名城·名镇·名村丛书》河北卷的编纂出版工作。

《中国历史文化名城·名镇·名村丛书》是由中国民协承担并在全国组织实施的中国民间文化遗产抢救工程重点项目之一，也是继中国民间文学三套集成之后在全国开展的又一项具有重要影响的浩大基础文化建设项目。河北列入这项文化工程的历史文化名村有 190 个、名镇 18 个、名城 12 个。根据编纂方案要求，我们将对每个历史文化名村、名镇、名城单独立卷，力求以质朴、简明的文字，图文并茂的形式，从历史学、社会学、民俗学、建筑学、文化学等视角，客观、准确、简洁、鲜活记述名村、名镇、名城的历史与现状，阐释每个名村、名镇、名城独有的文化内涵与价值，彰显河北历史文化名村、名镇、名城特有的魅力与精彩，惠及当代，传之后世。为了使读者检索、查阅、研究方便，本套丛书在编纂过程中将以“中国历史文化名村河北卷”“中国历史文化名镇河北卷”“中国历史文化名城河北卷”三个系列问世。

家园需要呵护，硕果需要众人浇筑。完成这

项浩大的文化工程，需要数以百计的作者和知识产权出版社编辑们几年的奋斗，无论田野调查拍摄还是梳理编撰，皆充满艰辛与探索。但耕耘者向来是不怕困难的，硕果会因此更香甜，社会发展会因这些成果更精彩，共和国文化建设会因大家的奉献更加炫目！

俗话讲，金无足赤。由于编者知识水平有限，又无前人研究成果可借鉴，书中谬误之处难免，敬请各位方家和读者批评指正。

2016 年 10 月 30 日

（作者系河北省民间文艺家协会主席）

中国历史文化
名城·名镇·名村丛书

中国历史文化名镇

河北天长 | 目录

第五章
古风古韵雅俗赏

第六章
商贸繁荣物产丰

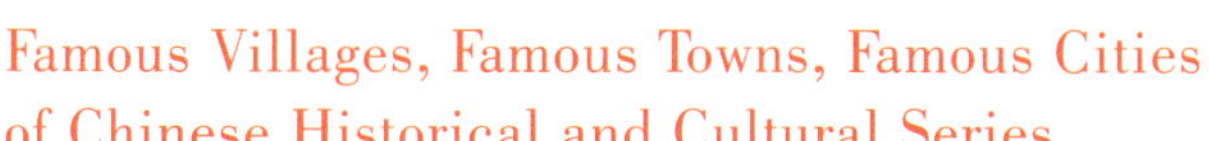
Famous Villages, Famous Towns, Famous Cities
of Chinese Historical and Cultural Series

The Chinese Famous Historical and Cultural Town

Tianchang Hebei | Contents

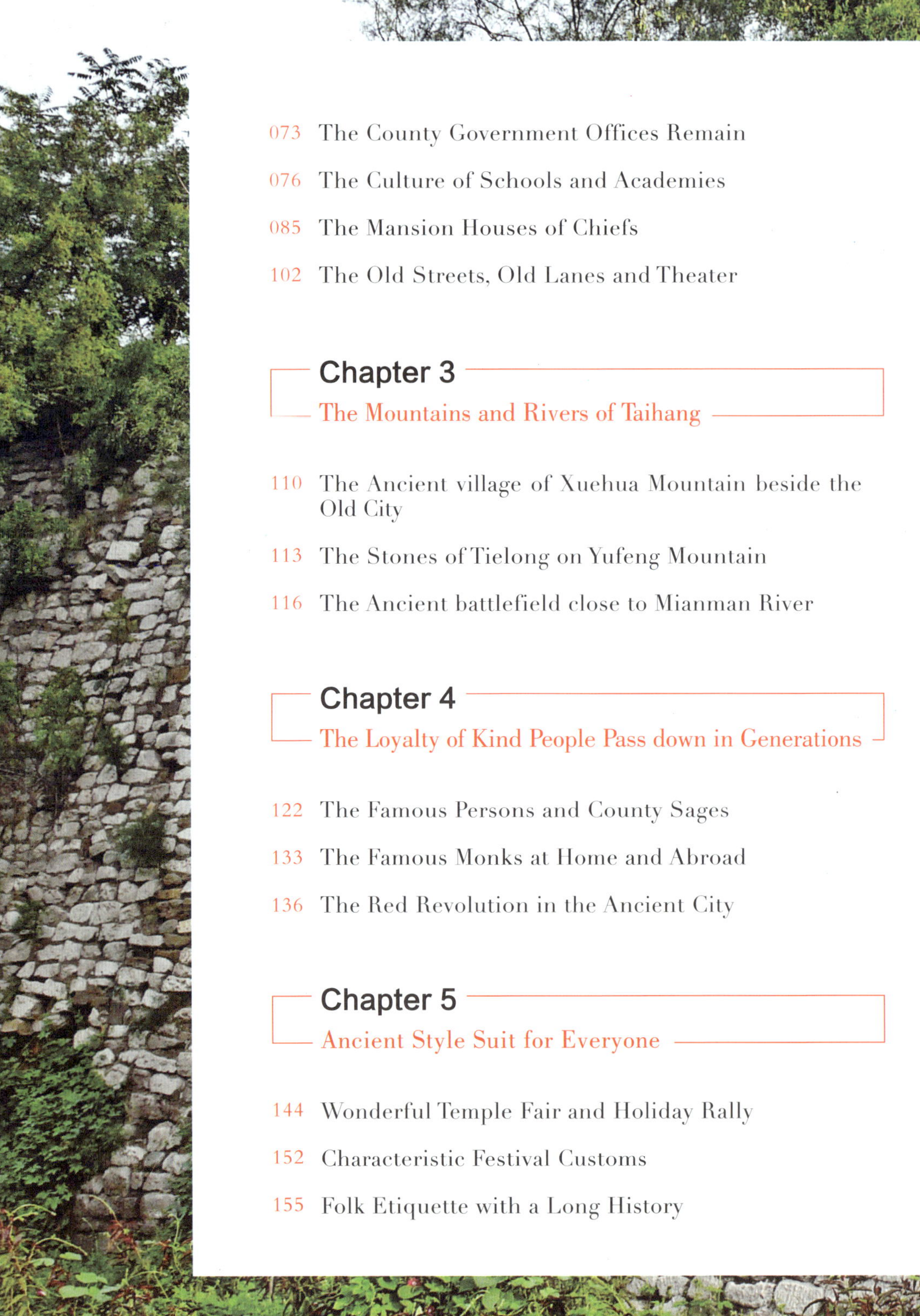

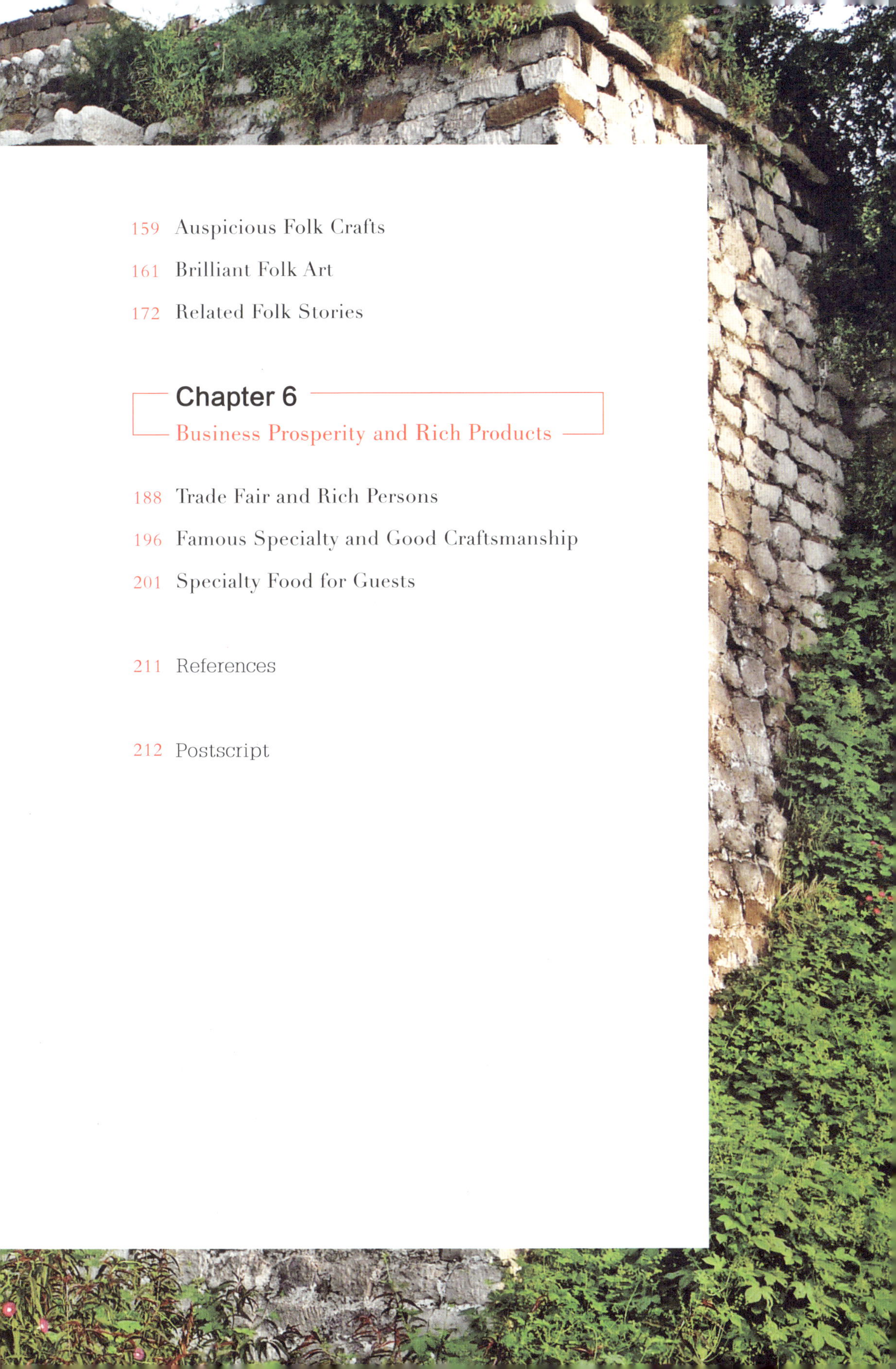

Chapter 6
Business Prosperity and Rich Products

引 言

天长镇位于河北省石家庄市井陉县中西部，距县城15千米，东邻秀林镇，南依于家村，西界南峪镇，北与井陉矿区接壤，行政区域面积98.93平方千米。全镇共辖49个行政村，耕地面积4万亩。

天长镇有便利的交通条件，境内石太铁路、石太高速公路、307国道、石阳公路纵横交错，地理位置极为重要，商贾云集，资源丰富，素有“燕晋通衢”之称。该镇地形分为丘陵、山区两部分，地势西高东低。属大陆性季风气候，四季分明。

天长镇的核心是建于明初的古瓮城，因其形似簸箕，人们称之为“簸箕城”。古瓮城及其周边的城关、东关、北关3个行政村是全镇枢纽，当地人称之为“天长古城”。天长古城坐北朝南，位于天长岭之南，绵蔓河北向阳坡地，南宽北窄。左拥玉峰山，右对雪花山，整个城垣有凤凰展翅之势，傲然挺立于绵蔓河畔。据说，凤头是玉峰山的凤凰岭，岭上两眼井泉为凤眼；凤尾是雪花山，山上古柏为凤尾上的羽毛。天长一带有俗语“井陉县，簸箕城，周边下雨当中晴”，意思是说位于井陉县中西部的天长实乃依山傍水、山

清水秀之地。拥群山之竞秀，环碧水之涛浪，故谓天然形胜之“簸箕城”。

天长发端于汉代，隆兴于唐宋。唐时设天威军府，自宋熙宁八年（1075）至中华人民共和国成立初期，一直为历代井陉县治之所。

古镇所处位置为太行八陉第五陉，是关隘要冲，素称“燕晋锁钥”之咽喉。古镇为历代井陉县府重镇，所以有着深厚的历史积淀。现有国家级文保单位3处，省级文保单位9处，市县级文保单位29处，未定级的有重要价值的历史遗存40余处，2008年被评为中国历史文化名镇。

古桥横跨绵蔓河，护城河水依然流淌，古城墙大体保存完整，东、西、南城门更是雄风犹在。城内衙署、深宅大院、明清老宅等古建筑比比皆是，尤其以郝家大院为首的明清民居古色古香，曲径通幽，规整小巧，雕刻精良，保存完整，很值得一览，有“给我一日时光，还你千年俊赏”之说。

天长古镇是井陉县的根脉所在，也是这悠悠千载文化长廊的精华所在。

↓鸟瞰天长古镇

古镇一角

中国历史文化名镇——天长

远眺天长

天长古镇和大石桥

天长朝阳

天长镇，因唐代置天威军府，宋、金、元、明、清、民国至中华人民共和国成立初期为县治所而名扬天下。文明源流之所在，锁钥晋冀之关隘，沟通东西之枢纽，虎踞龙盘，钟灵毓秀，地久而天长。

↓ 古城大南门

第一章

唐镇宋城 天威军

陉关要塞名远扬

井陉之名源于《淮南子》："何谓九塞？曰：太汾、渑阸、荆阮、方城、肴阪、井陉、令疵、句注、居庸。"《太平寰宇记》："四面高、中央下，如井，故名之。"

"陉"是太行山及周围地区最具特色的地形方言称谓，即造成山脉中断的地形，而使山脉中断的主要是有横切山脉而过的山谷。"陉"一般是险要之处，包括陉道和陉关两个要素。古代难行的太行八陉曾经是重要的军事关隘和古人进行迁徙、贸易、军事活动的通道。太行陉的价值和太行山是共存的。这些称为"陉"的驿路是

↓ 天长古镇全貌

↑ 古栈道遗迹

古代的“国道”，但是弯弯曲曲的羊肠小道，或盘旋于山腰，或垂吊于山谷。陉关则是陉道上的关口，包括关城、关门、关墙。井陉之“陉”除百余里陉道，还包括多个陉关。西有固关、旧关，西北有娘子关，东有土门关，而且这些陉关都颇具规模，不仅有坚固的关城，还有与长城相接的城墙，并有因关而设的村镇街市。太行八陉中井陉是张家口的飞狐陉至邯郸附近的滏口陉五百里中唯一一条通道，也是八陉之中关城最多、道路最通畅的一条陉道。至于名称，只有

↑ 古镇全貌

↑ 天长暮色

井陉以县名存史、存世，一直未变。井陉古驿道被列为国家重点文物保护单位，其余七陉大都湮没于人间，只有当地人偶尔提起。

井陉为天下九塞之一，这里有各个朝代的内长城和边墙、列城、障塞，不仅见证了历代兵火，也见证了农耕文化与游牧文化长期冲突及历代的边防建设、徙民实边，并且保障了一定历史时期地方的安定与和平。天长的固关、旧关、娘子关就是晋通燕赵的要塞。据史料记载，“天子北征……得绝井陉之隧”，是周穆王最初打开了井陉这一太行通道。赵武灵王“绝五陉之险”，用几十年工夫清

理陉山之“塞”，继续开通陉山之塞。当然，他万没想到这一开“塞”，为后来秦将王翦灭赵提供了捷径。秦末战争迭起，包括天长在内的陉山之塞又多次被堵塞，《史记·张耳陈馀列传》中记载：“……秦兵塞井陉，未能前。”《后汉书·朱景王杜马刘傅坚马列传》中也有：“……缮治障塞……太原至井陉……皆筑堡壁……”天长所在的“井陉”之所以是兵家必争之地，就是因为它是华北腹地穿越太行山具有重要战略意义的要塞。天长西塞为娘子关和固关，土地虽属山西平定，而驻兵防守之权属河北井陉。天长之东土门关地虽属获鹿，也为井陉防守之关，因此这“三关”历史上统称“井陉关”。直至1913年娘子关、固关两关正式归平定管辖，而土门关久已无险可守，“井陉关”的名字自然也淡出人们的记忆。

↓ 天长的早晨

藩镇军府镇陉关

井陉天长在唐之前称“安乐乡天长里”，而未见资料称“镇”。唐朝前期由于战争需要，州县数量大增，数倍于开皇、大业年间。尤其是窦建德、刘黑闼控制河北期间，创建了不少新的城垣，以强化军事防御地位。唐贞观元年（627），李世民稳定了对河北的统治之后，鉴于当时州县过多、民少吏多的状况，分全国为10道，道下设州，州领县。由原来的州县两级设置改为道、州、县三级设置。

↑ 古城城墙

↑ 城墙雪景

唐贞观十年（636）改府兵制，为后来建立节度使大都督府奠定了基础。“道”是为了加强朝廷对地方官员的监察，属于监察区性质，只是新的行政建置雏形。唐开元十四年（726）于恒州（今正定）置恒阳军都督府，统领周边地区军事；于井陉天长镇置天威军府，这一军事建置，不仅使正定城的军事地位得到提高，而且在绵蔓河畔培植了一座“兵城”。

唐天宝十四年（755），身兼三镇节度使的安禄山，伙同史思明等人，以“讨伐奸相杨国忠”为名，统兵20

万起于范阳（今涿州），史称“安史之乱”，很快，包括井陉在内的河北进入了战乱年代。被安禄山收为干儿子的张忠志一度归顺唐，督精兵军于土门，以扼井陉。后在雍王东讨史朝义时，扼守井陉门户的张忠志打开土门关迎接王师。唐肃宗封其为赵国公，名其军为成德军，拜节度使、恒州刺史，赐名李宝臣。井陉天长镇天威军也自然成为成德军属下的一支边防部队。天威军军使衙门所在地的天长因藩镇割据而成为唐中后期的名“镇”。

↑ 南门外护城河

天长亦镇亦城，北宋熙宁八年（1075）升为县治，成为县城，直至1958年县建置变革，重新定为镇。天长作为县城883年，而唐代建“镇”至今，至少有一千多年的历史了。

↓ 大南门城墙

“天长”地久是故乡

200多万年以前的第四纪时期，太行山的强烈抬升，才有了太行山以东盆地的不断沉陷，东缘大断裂造成的这种一正一负，使得西边不断削山移土，东边不断填海成陆。对古海岸遗迹的科学研究已表明距今7400年前，华北的海岸线还位于保定—井陉—邯郸—安阳一带太行山麓。此时古人如果登上井陉天长的天台山向东俯瞰，应该是凭海临水、汪洋无边的景象。

天长镇本是井陉近千年的县治所在，也是数万年前井陉先民最早繁衍生活的区域之一。井陉春秋属鲜虞国，战国时属中山国

↓ 天长东关小南门及附近城墙

之赵，秦时属巨鹿郡，汉时属常山郡，唐时属恒州、镇州，自宋始为井陉县治。当时，天长因天长岭而建。

↑ 天长一隅

天长一带出土的墓志、碑石多次出现天长村、天长里、天长镇、天长城隅、天长军等“天长”字样。此外，这一带还多次出现带“天”字的名称，如“天威军、承天军、天护”，反映了古代人们希望受大自然“天意”保护的心理，就如同“天长地久”永远是人们的美好愿望。

天长一带曾陆续发现仰韶文化遗址、先商文化遗址、商代遗址和战国遗址。足以证明，这里曾是绵蔓河流域古代文明发展的摇篮

之一。这里有较大村落的出现，当在北朝至隋朝初年。天长镇河东村丘陵上曾发掘出不少东汉墓葬，据推测，汉朝时河东已有村落。北朝末隋初，有人在天长岭东南一带向阳坡地建村居住，并渐具规模，依绵延十余里的天长岭而居，名天长村。到唐代，天长地处河北经山西入首都长安之要路，唐中期后改称天长镇。

贞观时期，唐王朝设置10道。唐开元十四年（726）于恒州置恒阳军都督府，统领周边地区的军事；于井陉天长镇置天威军府。这一建置，不仅使正定城的军事地位得以提高，而且在井陉绵蔓河畔培植了一座新城——天长镇军使衙院。天长镇尚存有唐大历六年（771）刻立的“承天军城记碑”。天长镇出土《唐故成德军节度使驱使……赵府君夫人南阳张氏墓志铭》有“赵府君夫人……遇疾终于井陉县安乐乡天长里之家第……”的记载。天长镇在藩镇割据

↓春日天长

这种特殊政治形势下，成为一县政治、军事的中心。北宋熙宁间，“天护”作为“县城”，“防”“守”远远不如天长，即将县治移驻天长镇，天长镇自此成为名副其实的“县城”。天长由一个纪律森严的军城悄然转变为一个政治经济文化中心城。直至金、元、明、清、民国，“天长”之名渐渐被“在城”“城里”“城关”替代。20世纪80年代末，井陉建置变革，几百年来被人们淡忘的“天长镇”之名，得以恢复。

古有山坎岩洞可供栖蔽，浅水丘陵便于狩猎，山涧河流可以捕鱼。今有良田万亩可藏瑞气，公路铁路东西横亘通达四方，人民安居乐业，可见“天长”之“地久”矣。

↓ 天长春色

井陉史上古镇诸多，然而沧海桑田，如今多已不存，只留天长独屹。位于古镇中心的古瓮城形似簸箕，是天长镇的代表性古建筑，人们称之为“簸箕城”。漫步“簸箕城”，古城墙保存完好，古桥横跨绵蔓河，民居建筑古色古香，大有“一日千年”之感。

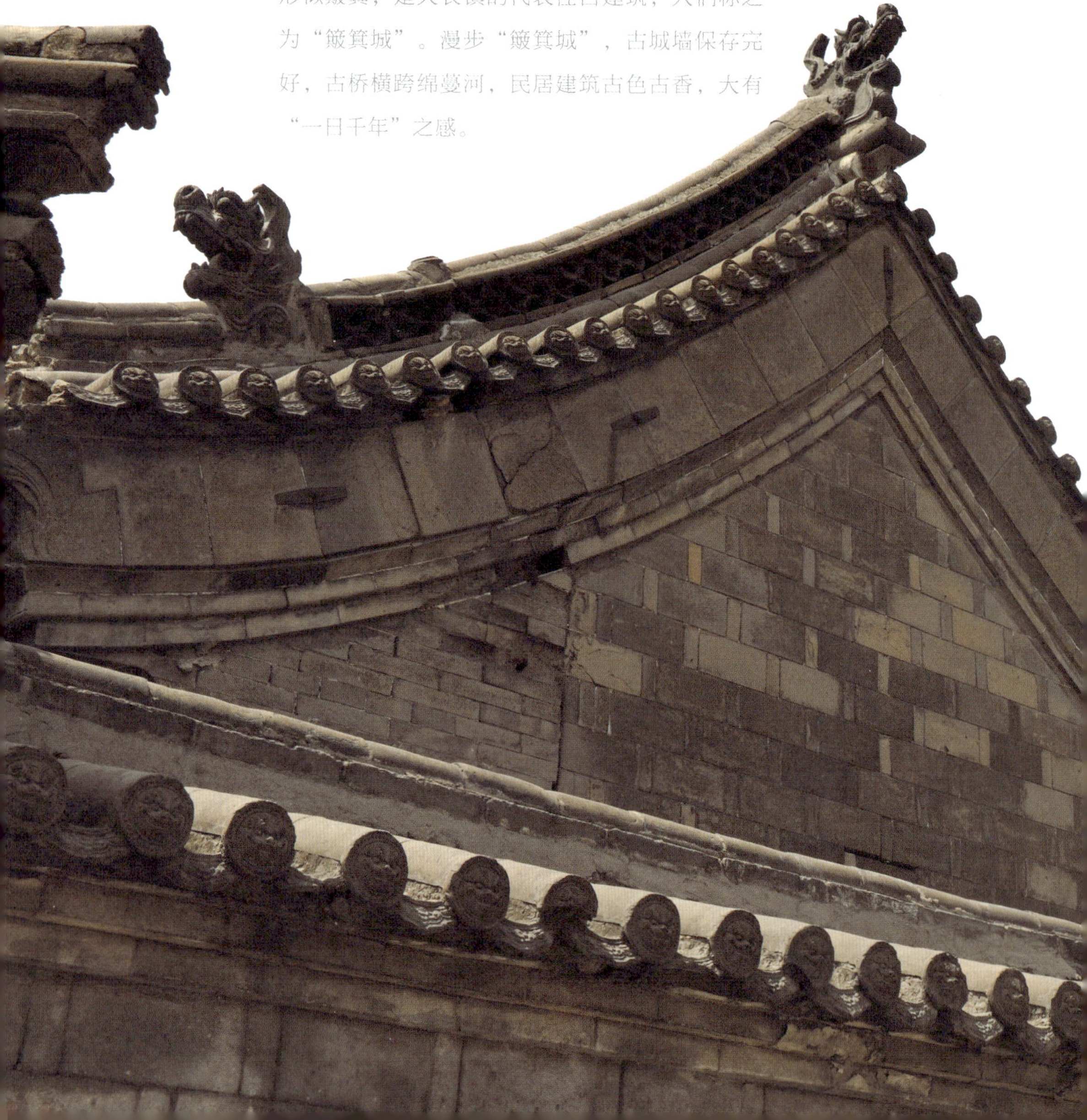

第二章 一日千年 簸箕城

↓ 飞檐翘角

古道古窑古城关

天长镇现有井陉古驿道、井陉古瓷窑遗址、井陉旧城城墙3项国家级重点文物保护单位，尚有古桥风采熠熠，唐宋金墓葬群规模宏大，古树阅尽千载风雨，无不昭示着这片土地曾经的盛景芳华。

古道沧桑说古今

井陉一切人文景观的历史，恐怕没有比井陉古驿道更悠久的了。尽管最初，道路的形成完全是先人不经意的创造。

天长镇是井陉古驿道东西南北的汇聚中心，非常重要的西部固关则是“西通秦晋”的太行咽喉。老百姓称井陉古驿道为“官道”。“官道”使人自然地步入沧桑。这里洒满了役夫的血汗，也记录着当权者曾经的辉煌；刻印着筑路人的艰辛和商旅马驮的跋涉，也留下了千军万马为生存而战的奔波。这一部用土石砌成的史册，为后人留下无数的思索。这里残留着几百年甚至千年的古树，它们像一支支巨笔，饱蘸着来自天上的碧蓝，记录着古驿道上发生的一切故事。它们为枯燥的石板路平添了一种跌宕、一种激情、一种诗意。沟壑交错的山路，造就了井陉自古多桥的历史。天长镇一带的乡路有“三里五座桥”之说。桥，跨越湍急的河流，象征着人与自然的亲和。阁，雄踞要

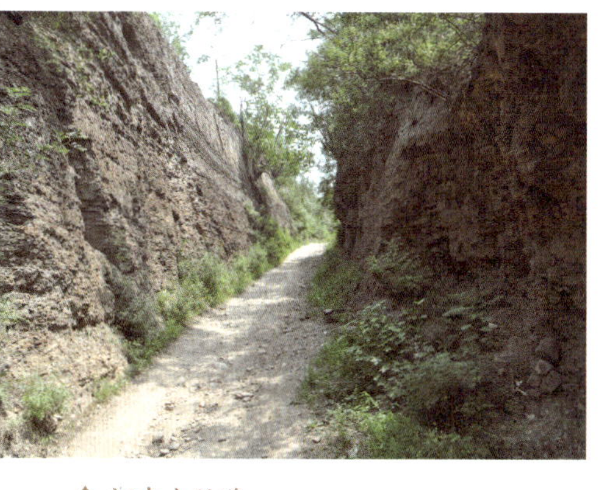

↑ 河东古驿道

塞或屹立村口，经过战火的洗礼，守护着古驿道上的村庄。在每一座关阁下面的石基上都留着金戈铁马、战车辎重经过的深深的辙痕。“官道”上的关阁俯视大地，环抱村落的模式，暗示着中国古建筑的安详、宁静、错落与统一的布局原则。“官道”上的碑刻石也很多。作为历史的见证，它们不仅如实记录了当时的社会事件，也展现了刻石人定格史迹的责任感和文化传承的执着。

↑ 河东古驿道

秦灭六国后，秦始皇在原六国车马道的基础上，开辟了以咸阳为中心的驰道。井陉古驿道即为当时主干道的一段，史称“燕晋通衢”，是当时的交通邮驿要隘。其作用是供帝王出巡，传递政府的军事、政治文书，调动军队等，史称皇家大道。现存的古驿道车辙间的距离与秦始皇兵马俑出土的战车轮距相同，是研究秦代“书同文，车同轨”的实物证据。

↑ 小龙窝古驿道

井陉古驿道分南北两道，南道西起山西固关，途经井陉天长镇的核桃园、大龙窝、小龙窝、长生口、板桥、南关、河东、天长古城、东窑岭、三家店、郝西河等地，经北张村、铺上、北横口、南河头，过绵蔓河，经微水、五里铺、白石岭、上安等出土门关，全长50千米。由于清朝末年铁路、公路相继开通，这条古驿道多段路段被占用。井陉古驿道逢村必有阁，阁上多有与驿道有关的文字，诸如“北拱神京”“燕晋通衢”。天长县衙东历来有“陉山驿”“递运所”，设驿管理，东门外有“抄号房”，在这里交递驿道上传送的公文诸物。

古窑薪火耀千年

在河北博物院的“名瓷名窑馆”，井陉窑精美的白瓷、印花模子、天威军官瓶等引人注目。作为河北省四大名窑之一的井陉窑，也是迄今所见我国最早烧创的三大白瓷窑之一，是国家重点文物保护单位。

↑ 井陉窑遗址

井陉窑遗址主要分布在天长镇城内、东关、北关、河东、东窑岭200万平方米的范围内，已有1400多年历史。抢救挖掘整理晚唐、金代窑炉10座，金代作坊2处、澄浆1组。获得了从隋到元相当批量的井陉窑标本和窑具。确认了井陉窑是以烧制白瓷为主，并烧黑釉、褐釉、双色釉、绿釉、黄釉以及三彩瓷等制品的瓷窑，实属罕见，引起了国内外陶瓷界的关注。为了解井陉窑的内涵、时代、特征、性质、埋藏状况以及保护、研究、开发利用等提供了不可或缺的重要材料和实物依据。

一方水土养一方人。唐宋时期的天长城垣内，是一个巨大的制瓷基地，可以想象当时除了驻军之外，有多少手艺人穿梭在各个作坊之间，他们各有灵性，各具风采，因而创造了各有特色的井陉陶瓷文化。

天长镇两大古瓷窑——河西窑、河东窑，是井陉古瓷器的生产基地。这里宽阔的土地、适合烧瓷的陶土、丰沛的水和燃料资源是井陉窑最外在的优势。这座从隋代开始就以烧制白瓷著称、和邢瓷共享“北白”美誉的千年古瓷窑，甚至一度超过了定瓷，成为金代瓷器的代表。

井陉瓷烧制不是直圈烧而是正烧，用支柱支撑，叠成摞烧，此烧法历史颇为悠久。井陉窑瓷器最有名的是折腰盘碗，多为白瓷，釉色泛青，光洁莹润，图案多为花朵、花穗、花束等。用褐色戳印划花、点彩装饰，是井陉窑瓷突出的特点。它跨越朝代连续生产。今天，井陉窑遗址发掘部分是3米下的金代瓷文化层，再往下已探出宋、五代、唐。这里已出土的瓷窑遗址，除了产品，还有作坊的高温烤、高温熔炼等设备。再往下是金代以前的井陉古城遗址。地层依然向下推进，浮现出的不仅仅是瓷窑的碎片，而开始进入先商绵蔓古城遗址——三四千年之前的文化层了。井陉窑的意义早已超出了陶瓷领域，也关乎我国的文明起源问题。

《金史·地理志》载：“真定府，产瓷器铜铁。”乾隆年间《正定府志·物产》载：“正定府产瓷器，缸坛之属也，明时充贡井陉。”北京故宫博物院古代瓷分布图明确标有“井陉窑”字样，并藏有宋代井陉窑烧制的天威军官瓶。天威军官瓶最早发现的时间是民国四年（1915）：“在县立高级小学校操场北土埠内掘

↑ 出土井陉的天威军官瓶

出，高尺余，口径寸余，形细长，与绍兴酒坛颇相似。”“瓷瓶垒垒，堆置其中，完好无缺者，尚有十余枚，俱题‘天威军官瓶’五字。”“天威军官瓶”一再在窑址出土，揭示了宋代井陉窑的续烧。

据相关资料，结合考古发掘，证明1500年前的隋代，位于天长镇的井陉窑已经能烧制成熟的白瓷，到唐代达到极盛，甚至一度与南方越窑相匹敌，时称“南青北白”。

根据河东窑址中发现的煤炭、煤渣可断定，这里是目前发现的国内最早使用煤炭烧窑的窑口，也因此这里成为金元时期太行山区向东亚输出瓷器最主要的产业基地之一。一度辉煌的瓷窑历史成为天长人感到自豪的文化资源，这种深厚的文化底蕴呼唤着井陉窑传承人的文化自觉和文化责任。

井陉窑遗址得到了文物部门和陶瓷专家高度的评价。原国家文物局局长张文彬说：“井陉窑遗址价值很高、年代也久远，一定要保护好。”著名陶瓷专家耿宝昌、李志彦、陈华莎也亲临现场，给予肯定。由于烧造技术的长期发展和历史的机缘，金代的井陉窑无论产品质量，还是花色品种，都超越了北宋时期五大名窑之一的定窑，曾经一度成为中国北方最为著名的窑口。戳印点彩、戳印绘制等独具特色的井陉瓷产品销往海内外，流传后世。井陉瓷产品被河北博物院、上海博物馆和故宫博物院收藏。

井陉窑的发现不仅使太行东麓保（定窑）、邢（邢窑）、邯（磁州窑）、安（安阳窑等）、焦（当阳峪窑）等纵列千里的古制瓷链填补了晋冀交界处的空白，而且就地域角度横向观察，更为太行东西两侧冀晋古瓷窑场找到了沟通的一个重要而直接的链环。因此井陉窑的发现与研究，可以认为已超越了这一窑口的自身，在中国古陶瓷发展史上有重要的地位。

↑ 古窑遗址

簸箕石城坚如磐

井陉史上古镇诸多，然沧海桑田，只留天长独屹。古镇天长，绵蔓河潆于前，陉山踞于后，故关之险控带西南，抱犊之雄延亘东北，上焉藩屏神京，下之保障民社，盖古岩邑也。

↓ 俯瞰天长

天长南瓮城

↑ 南城墙与护城河

↑ 天长古城墙

↑ 古城东城墙内侧

虽历经战火几经水患，愈受打击愈是不倒，左有凌霄矗立（现不存），右有雪花护城，再穿上石头铠甲，易守难攻，天长为一座典型的北方军城。1700米长的城墙，北高南低，北窄南宽，北圆南直，像一个倒放的元宝、一个敞开的簸箕。

簸箕城，特指天长古城，是天长的人文地标。城的选址为位置适中、水源充足、能防能守、交通方便、物产丰富的地方。城有城墙，城外有池、壕、门等，为交通、商旅和守卫之用。

古城墙始建于明洪武元年（1368），为增强抵御元朝势力的卷土重来而修建，设土城。该城北面傍山，东西南三面濒临绵蔓河。水流东西，形成天然屏障。城北为高地，城西南的雪花山可俯瞰全城，城北为连绵起伏地，沟壑纵横，地形险要，易守难攻。城墙周围长三里二十步，高三丈五尺，厚一丈二尺。旧为夯土之墙，穿上了砖石铠甲。明嘉靖九年（1530）南城墙被河水冲坏，知县刘汝弼葺之。明嘉靖二十二年（1543）南城墙复坏，奉保定巡抚丁汝夔之命，由固关管关通判窦仁督同晋州州判陈爵重新修葺，并将南城墙和东城墙砌为石墙，高厚如旧。明万历二年（1574），知县钟遐龄又于南西二门外增加瓮城（大城门和月门）各一，弩台十九座。瓮城之门，东曰“东聚门”，西曰“镇武门”，南曰“会源门”，东另辟一门，曰“宁河门”。天启元年（1621）知县罗懋汤以南城墙地形狭隘，屡被水患，重修南正门“文明门”，于正门之前，上建览秀楼，下筑石堤。嘉靖年间知县荀文奎，因视环陉皆山，面迎绵蔓河，从西折而东北，可以说地理位置绝佳。但山势右高左低，而水流湍急有声，安望人杰地灵，遂于城东南再建魁星楼一座。楼成，进告诸生曰“二十年必有文明之兆”。至万历癸酉年（1573）三月，楼中火光亘天，秋闱，霍鹏、李邦平同举于乡，适二十年之数，其验如此。此后，明崇祯八年（1635），清康熙十一年（1672）、雍正五年（1727）、咸丰四年（1854）至清末历有修葺，城日臻完善。

↑ 东瓮城门额

↑ 西瓮城门额

↑ 南瓮城东侧门门额

旧时城墙，东南西城门上都筑有城楼。东西城门上为歇山式双层阁楼。东城楼上还有清光绪年间井陉县令贵州书法家谢鉴礼所书“图书锡瑞”大木匾。南城门建单层阁式建筑，初称览秀楼，后改称敞豁亭。现城墙周长1758.3米，南城墙长520.3米，外高20米，

城墙马面

古城内城墙

古城会源门里侧

古城西瓮城

古城墙马面

大南门瓮城一角

南城墙和小南门

南城墙一段

地基宽12米，顶宽5米；西城墙长419米，高18米，顶宽5米；东城墙长419米，高18米，底宽18米，顶宽5米；北城墙长400米，高18米，底宽18米，顶宽4~6米。整个城墙依山就势而建，雄伟壮观。

逸仙桥上狮无语

古桥为大石桥，乾隆四十五年（1780）建成，又称“逸仙桥”。位于城东北关东巷子外，飞跨于滔滔绵蔓河之上。是天长连接绵蔓河两岸的重要桥梁通道，也是井陉境内现存规模最大的古代桥梁。

由于明万历前井陉官道行走北路，即由获鹿经井陉平望、威州、青石岭、凤凰岭、石桥头到井陉旧城。至万历四十六年（1618），井陉知县罗懋汤改北而南，即由获鹿土门经亮子岭入井陉驿界，经下安、上安、石岭、微水过绵蔓河后又经横口、张

↓ 逸仙桥

村、郝西河、东窑岭、河东后，到井陉旧城，尚需西渡绵蔓河，方能进城。旧时，冬春绵蔓河水小时搭有木桥通行，一到夏秋绵蔓河水大，两岸乘木船往来。若逢暴雨，河水涨满，渡船不通，交通阻隔，极为不便。至乾隆四十二年（1777），由井陉知县周尚亲倡导建桥，府县拨银并由晋省与县内商绅捐资，历经三年修建而成。当初建成之桥，为12孔联孔式，长109米，宽6.4米，高8米，是一座横跨较大的石拱桥。单孔跨度6米，矢高3米，桥身与河道呈正交，整个石桥显得雄厚坚实。桥东西两端，各有一对高五尺的石雕狮子，桥身两侧有高三尺的青石栏板和石望柱58对。石望柱顶端分别有雕刻狮子、猴、鹰等动物形象的石雕58对。栏板雕有浮雕图案30幅，这些石雕造型生动、姿态各异，或幼狮趴在母狮头上耍闹，或雄狮昂首怒视远方，或猕猴静坐若有所思，或苍鹰飞落捕捉白兔，雕刻风格细腻写实，形象逼真，惟妙惟肖，是清代雕刻艺术珍品。

石桥建成后14年，即乾隆五十九年

↑ 大石桥守桥狮

↑ 大石桥下洗衣人

↑ 清晨，人们走过大石桥

（1794）河水暴涨、冲毁桥之东段数孔。嘉庆六年（1801）大水又冲毁东段数孔。前后共冲去六孔，剩余六孔。自此后，此桥横亘水中，形如半岛，桥失去利济作用，只供人登临游览。至民国初百余年间，虽经人多次倡议重修，皆因工程浩大，修葺费难以筹措，无力修建，致使两岸交通又处不便状态。1928年晋奉战争结束后，因井陉是晋奉战争主要战场，受害较大，为“善后赈灾”之列。县中各机关同仁，援照山西善后赈灾条例，呈准平津卫戍总司令闫伯川抽收煤捐三万元，又募款若干办理本邑工赈，得一万八千元，修复大石桥。历经年余，将东段补修。竣工时，邀请城关士绅商议，此桥命名为“逸仙桥”，并镌刻匾额嵌于桥孔之上。此桥又畅通三十余年，到1966年8月底，绵蔓河洪水猛涨，又将东段五孔冲毁。同年10月又进行修复，将冲毁五孔改为四孔。其中两孔采

↓古桥夕照

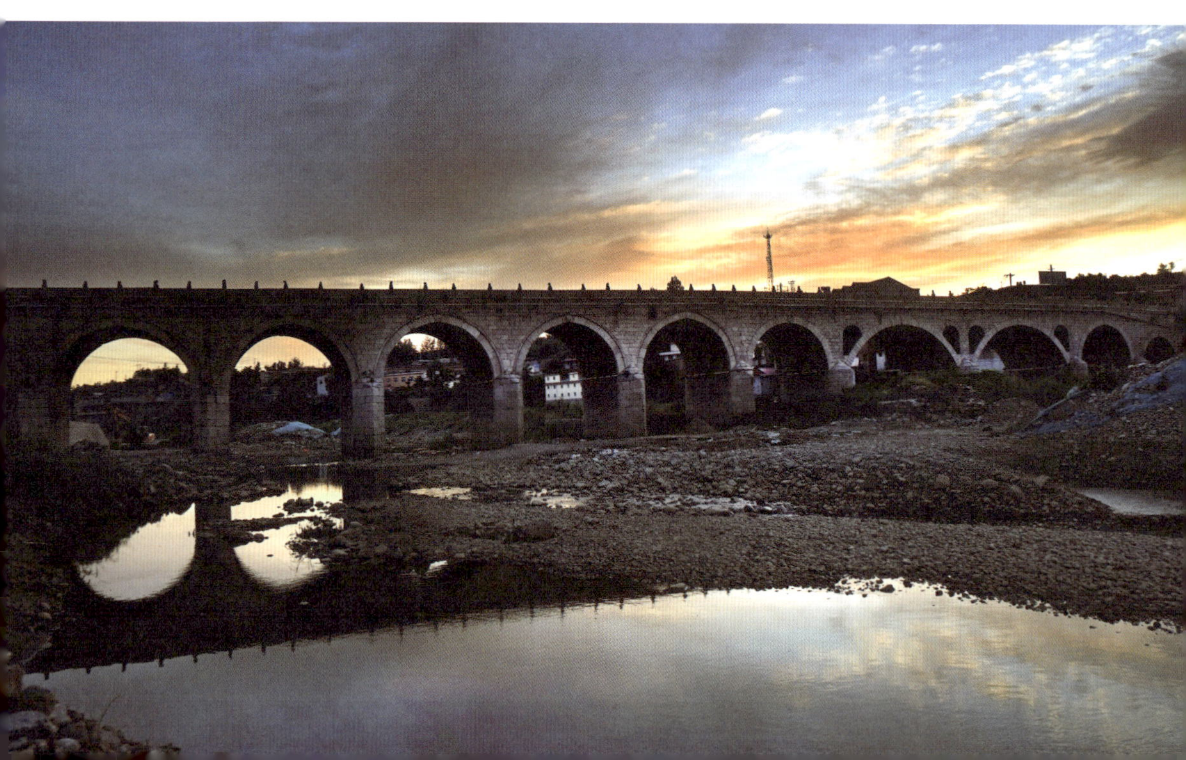

取敞肩连拱式建造，拱洞跨度加大，以增加泄洪量。2003年，井陉天长镇的保护开发被列为石家庄市重点工程之一，天长镇党委、政府于2005年聘请文物专家“论证设计”，本着“修旧如旧”的原则，投资近50万元，更换栏板、添置大小石狮近50余对，于2006年10月正式完工，恢复了古桥的历史原貌。

大石桥至今已有二百多年的历史，仍是天长一带沟通绵蔓河两岸的主要通道，保持着不同历史时期的建筑特点：西部六孔为乾隆时原建筑，桥面上还保存有初建时的石栏板、望柱，以及动物石雕二十多对；中间留有民国时期重建时的一孔；东段四孔为1966年重修，桥上栏板、栏柱、雕狮为2006年添置。大石桥是研究井陉古代交通史及桥梁建筑艺术的珍贵文物。2008年12月被公布为河北省重点文物保护单位。

↑ 古柏傲雪

孔圣庙内柏参天

天长旧有诸多古树，名胜庙宇中，尤以柏树最为众，而今仅留寥寥几棵。柏，是古代迁民怀祖的寄托，也是吉祥的象征。

古柏　孔庙前院左右各一棵，高大挺拔，可惜只留干树，一时不见生机。侧院有侧柏一棵，遒劲如龙，沧桑而茁壮，探着身子像在守望什么，期待什么。

国柏　古城内旧县衙大堂后有一棵国

↑ 遒劲侧柏

↑ 孔庙古柏

柏，树径约3米，腹中能容六七孩童，树高10米，树龄已近500年。

侧柏　古城内中学院内有一棵侧柏，树径2.5米，高7米，树皮薄，呈浅灰褐色，纵裂成条片，长势一般，抗风能力较弱，从宋朝至今已800年左右。

唐家垴古墓群

↑ 唐家垴古墓葬

2004年3月9日至5月5日，河北省井陉窑考古队在唐家垴发掘唐宋金墓群12座。其中西区2座、中区3座为唐墓（含后唐）。西区墓中有唐会昌三年（843）天长府虞侯张义才墓，距今已有一千多年的历史。考古专家认为此次发掘为研究中国葬史葬志及仿墓结构砖墓早期形态提供典型例证，纠正了考古界传统认识的局限，为研究中国汉地葬俗提供了珍贵资料。后又发现二十余座宋金古墓。2008年唐家垴古墓群被公布为河北省文物保护单位。

↓ 古墓葬石雕

寺庙祠堂老书院

走进天长，总有一种穿越时空的恍惚，庙宇庄严，祠堂威势已去，老书院旧貌新颜，书声琅琅。

关帝庙

关帝庙位于古城东门瓮城北侧，瓮城不但具备战争防御的功能，而且独具匠心地进行多功能设计，将有限的空间布置成以寺庙为主，集城墙、厅堂于一体的建筑群。高低错落、鳞次栉比、独具一格的瓮城寺庙，是瓮城建筑史上难得的珍品。正殿硬山式屋顶，琉璃瓦覆顶。面阔五间，进深三间，前竖廊柱。门额匾书“亘古一人”，为邑人书法家陈畴先生所书，潇洒流畅，刚柔并济。门口对

↓ 关帝庙

联系木版雕成，上联为“兄玄德弟翼德德兄德弟”，下联为“友子龙师卧龙龙友龙师”。庙内供武圣关帝巨大塑像，为“夜读春秋”姿势，旁站关平、周仓。后壁绘连环画，历述关羽一生战绩。庙后有一井，是用三块一丈见方的大青石板，中间凿孔，垒砌而成，此井久旱不枯。传说大旱之年，求雨不灵，便淘此井，一淘井，即下雨。旧时兄弟结拜者、买卖合伙者、新官上任者、百姓求雨者，均到此拜神祈祷。

显圣寺

↑ 显圣寺旧照

显圣寺在古城北关外，晋赵古道旁。古塔耸于前，铁龙蟠于后，群山迴向，河水临流，十方丛林围之，山清水秀，风景优美，为井陉第一禅林。和北边的玉峰山寺、石佛圣岩、西莲寺、后土祠、水莲洞、通济桥连成一片，为北方重要佛教道场之一。

显圣寺始建于隋开皇年间，为文帝下诏所建三十一座寺院之一，与西安仙游寺、正定大佛寺齐名。据传，当年显圣寺佛像塑好之后，无钱贴金，发起人很犯愁。一天，有人推辆小车，因无店住，就借住在这个庙里。第二天，来人把小车舍下就走了。小车上有两个箱子，等了许多日，车主却再也没有回来。大家打开这两个箱子，发现全都是大赤金箔，于是就用这些金箔贴了佛像。用完金箔，正好贴满佛像，才知道这是佛陀显圣，因此，寺庙名叫显圣寺。

显圣寺殿宇雄宏、坐北朝南。山门坐西向东，门额嵌“陉山寺”，是一座牌坊式的建筑。进入山门，依次为天王殿、大雄宝殿、毗卢殿等建筑，都在一条中轴线上，从南到北甚为壮观。东西两侧有祖师殿僧舍及藏经阁，组成一长方形建筑群。

寺之东南建有华塔一座，与正定华塔相媲美，濒临绵蔓河，名为下寺塔。早在1956年被列为河北省重点文物保护单位，可惜1963年因雨水过大，根基浸湿，自然倒塌。

玉峰山摩崖石刻

在玉峰山腰，循明灵王庙山路可找到宋金时期的摩崖造像，即“石佛圣岩”。造像位于山崖之壁，面积约五六平方米，如一面硬山屋顶建筑之山墙，屋顶部分尚留有尖顶及穿木檩条的方形石洞。佛像共分七行，有佛像82尊，其中有一较大坐佛，左右两旁各站一

↓ 玉峰山摩崖石刻

尊弟子造像。大多造像为20厘米的小型坐佛，均采用浮雕形式。旁有一泯灭不辨的石刻题记。摩崖南侧有北宋大中祥符间碑记，称此岩为“果胜佛岩”。此碑记与山下数里外的显圣寺部分碑记为同一时期石刻，可推想显圣寺重新整修时，就近开凿砂岩以供建寺及寺中造像之需，尔后将其包装为庙宇，作为显圣寺的附属建筑。玉峰山摩崖造像雕刻线条自然流畅，风格与天长千佛岩造像类似，是研究井陉地区宗教艺术的发展及天长古庙宇文化不可多得的珍贵资料。

↑ 龙窝寺石刻——巇陉灵境

龙窝寺

龙窝寺位于天长镇西二十里小龙窝村西、大龙窝村东。寺周群山环列，石壁嶙峋。古柏纷钻石罅中，旁生侧出，俨若虬龙；苍翠葱茏，饶有奇趣。山之东北麓，东西两端各建一石阁，阁下为燕晋往来之驿路。故寺之石壁上，古今名人题咏颇不少。今古寺不存，307国道占其位置，唯留东侧崖壁上的摩崖石刻，法相庄严美好。

明崇祯壬午（1642）中州范志完题“柏檐石壁”，每个大字一尺有余。有小字“井陉之龙窝铺，三山壁立，高可百仞。中有古柏十余株，出自山隙，笼罩石壁，宛若华盖。不知何代，琢成石

↑ 龙窝寺原貌

↑ 龙窝寺摩崖石刻（石窟）局部

↑ 龙窝寺石窟

佛数尊，完过而奇之，遂题其上曰‘柏檐石壁’，并赘一偈，以志不朽云。

石上无佛，琢出斯形；

石上有佛，未琢斯冥。

风谡谡兮柏青，水湛湛兮石冷，

是石是佛，一灯营营。”

↑ 龙窝寺范志完题“柏檐石壁”

城隍庙

城隍庙建于古城北侧，孔庙之西，上应东井奎壁光临，下接山陉岩阿神降，抱西山之爽气，拥南岳之奇峰，左侧宝塔凌空，著龙盘之势，右侧雪花山耸峙，照虎距之雄。绵涛缭绕，古木森罗，为井陉一大观。

城隍庙始建于北宋熙宁年间，立庙以来历有修葺，规模宏伟壮丽，金碧辉煌。从南到北，依次为大门、八字墙、照壁、牌坊、戏楼、钟鼓二楼、东西配司、寝宫。共计50间，占地面积2500平方米。

正殿为城隍庙主要建筑，单体面积120平方米，面阔三间，进

↓ 城隍庙大殿屋脊

城隍庙背后一角

城隍庙戏楼的蝴蝶风铃

城隍庙

城隍庙古戏楼及门前的老石榴树

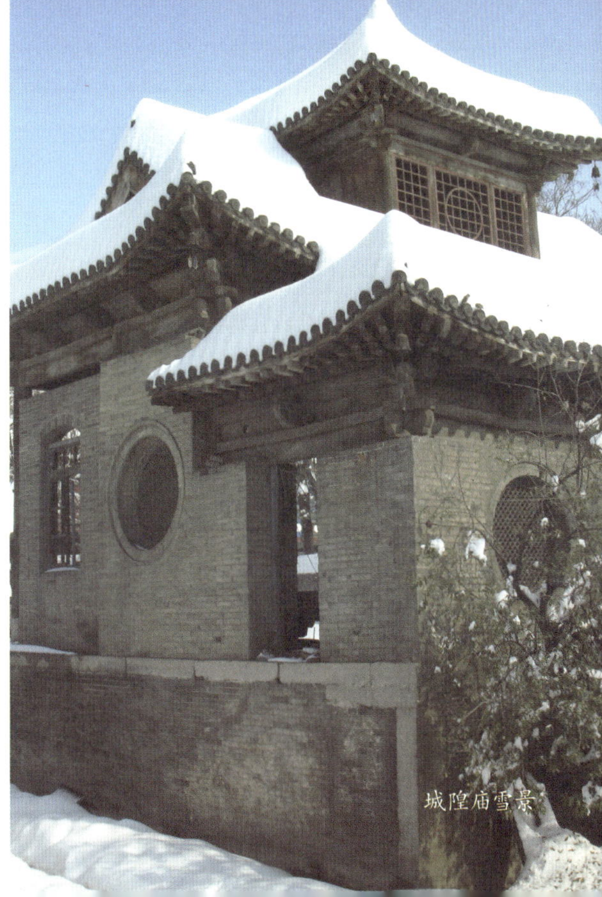

城隍庙雪景

深三间。前出廊式，单檐灰瓦悬山式顶，房脊饰黄绿色琉璃瓦件，梁架结构前檐有三昂七踩斗拱平身科五攒，明间斗拱出斜拱，与其余斗拱不同，共十朵。后檐由六架梁伸出檐头之外，代替柱斗拱，平身科二升麻叶头，具有较高的工艺水平。

正殿为悬山式屋顶，屋顶正脊四龙相向而行，灰瓦覆顶，斗拱飞檐，风铃叮当。内供城隍塑像，高大森严，满面涂金，栩栩如生，光彩照人。两旁分列判官、无常、牛头、马面，庄重森严。

城隍庙对面有戏楼，号称“华北第一”。九脊穿堂，垂檐歇山，四角飞檐，龙首雕饰，桥式大窗，攒尖葫芦宝顶，建筑古朴典雅，样式精致独特，中国戏曲学院和浙江戏楼专家考察后，均称此戏楼为全国罕见，对研究中国戏曲发展和戏楼建筑艺术具有典型的代表意义。1993年城隍庙被公布为河北省重点文物保护单位。

东岳庙

东岳庙供奉东岳大帝，又称天齐大帝，掌人间生死福禄，善恶之权，司阴府是非之目，惩奸罚恶，录死注生。千百年来，善男信女颇多。天长镇东岳庙位于石桥头村，绵蔓河畔，庙宇坐北朝南，东西配殿，南北为轴。庙门高大独耸，上部为卷棚式戏楼，戏楼南墙下开三个山门，象征“无极”“太极”“现世”三界，进入山门意为跳过“三界”，过“神道”上“阅台”。前面是高扬的杏黄旗“东岳大帝”，面对

↑ 东岳庙

大旗让人感神威之大。步入中殿，额书“宏仁赐福”，中殿正中供南海观音菩萨，西面供财神。中殿为“献殿”，是供奉祭品、做法事、超度亡灵之处。东西配殿供阎王及判官、无常等。正殿高大雄伟，称“俗岳殿”，额书“佚祀岱宗”。楹联“仗势欺人，人或容神明不容；瞒灭昧己，己未觉造物先知”，发人深省。大殿额书“东岳齐天”。东岳大帝着青袍，面容慈祥中不失威严。位列两旁的是“福”“禄”“寿”三星及钟馗、关羽、包公，墙壁上是清光绪年间彩绘的《封神演义》故事。

农历三月二十八日为天齐大帝寿诞，届时有庙会五天。这是井陉域内规模最大的道教庙会，道士奉祀香花举行庆典，而百姓借钟鼓法音，或“借寿”或“请喜”，俗称：“阳间赶了东岳会，阴间不受阎王罪。”

观音阁

↑ 观音阁正面

关阁历史悠久，不仅是完善的古代军事工程体系，而且因其将天然险阻与人工设防巧妙结合，并在关上建阁设庙，是壮观典雅的人文环境与复杂地理环境形成的特有景观。小南门阁，就是这样一座功能齐全的建筑。古城东聚门外的阁，因是高出民居的唯一建筑，人们往往把最崇敬的神佛供奉其上。小南门阁上供的是观音，因之当地俗称为“观音阁”。阁、庙一体，成为一种自然的约定区域。关阁雄踞绵蔓河畔古城边，环抱村落的建筑模式，暗示着古建筑的安详与宁静、错落与统一的布

↑ 观音阁二层院

↑ 观音阁

局原则。

小南门观音阁始建于明万历年间，位于古城东聚门外城壕街南，为小廊柱歇山式临河阁。内外匾额依次为“山环水抱”“岳峙川流”“燕晋通衢”。阁中尚存明代石额及清代碑石。阁内供奉观音，一手拿宝瓶一手拿柳枝是美和吉祥的象征，玉手一扬可降福人间，故有“扬柳一洒”之说。旧时有木匾一面。

观音阁上可眺望雪花山西顶大寨，东望河东凌霄塔，下俯绵蔓河水。上层祀南海观世音，下层祀三官（天官唐尧、地官虞舜、水官大禹）。常有求财、求子、卜命、求学之人来抽签问卦看时运好坏。农历二月十九、六月十九、十月十五为庙会日，烧香拜神者络绎不绝。

↑ 观音阁下小南门

崔府君庙

崔府君庙位于北关大街西侧北首。左绕绵蔓河水，天光云影共徘徊；右耸中台山，岚气锋芒相掩映。大门向东，为歇山式屋顶，前后皆竖廊柱。大门前左右蹲石狮各一，隔街对面为照壁。大殿坐北向南，面阔五间，进深三间。中

↑ 小南门匾额——山环水抱

↑ 崔君府庙戏楼（现为北关学校教师办公室）

间供府君神像，旁站有马童。殿前有一抱厦，东西廊坊各五楹，十殿阎君分列两旁，金碧辉煌，霞光耀彩。

大殿对面为戏楼，坐南朝北，面阔五间，进深三间，东西长约10米，南北宽约8米，高近6米。设计美观大方，工艺精湛，为天长保存较好、规模较大的戏楼。

五道将军庙

五道将军庙系宋哲宗元祐六年（1091）统竣。分布在城内、东关、南关、西关，隶城隍直辖。地府五道将军把守阴间地府东、南、西、北、中入口处，五位守路鬼神，大都建在丁字路的山墙上。据《华夏民间俗信宗教》载："五道将军庙滥觞于汉魏，兴隆于唐宋，普及于明清。"五道将军成为华夏俗信幽冥之主，东岳大帝属神，执掌着世人生死，并具有监督阎王判案，或纠正其不公行为的莫大权力。该神不是始终身处阴间，也没有森严宝殿可坐，其经常暗中巡游人间，多以入梦的方式与人交流和履行职责。他同情弱者，常成全有情人和开释无辜者。该神没有阎王及其属下判官贪赃枉法之弊，因而在民众中口碑比阎王要好。

八蜡庙

八蜡庙在城隍庙西，正殿三间，清康熙四十八年（1709）李琛重修。民国时前院改为县立女子高级小学校。现仅存重修碑记。

我国对八蜡的信仰，最早载之《周礼》《礼记》等儒家书籍。旧时每当农业生产获得丰收时，古人便认为是天地万物诸神助佑的结果，要举行庆祝，并且始作蜡祭以告上苍，形成了我国古代年终蜡祭的开始。作为一国之主的历代天子或国君，在每年的农历十二月，都要作蜡祭，并且进行祷祝，称为天子大蜡八。《礼记·郊特牲》说："天子大蜡八。伊耆氏始为蜡。蜡也者，索也。岁十二月，合聚万物而索飨之也。蜡之祭也，主先啬而祭司啬也。祭百种以报啬也。飨农及邮表畷、禽兽等，仁之至，义之尽也。"天子大蜡八，解释为祭祀先啬、司啬、农、邮表畷、猫和虎、坊、水庸、昆虫八种农神。八蜡庙，就是祭祀八种司农之神的地方，古人在农事完毕后，敬奉诸神庆祝丰收，并祈来年五谷丰登。

郝家祠堂

郝家祠堂位于东关台子巷北头西侧巷内，其院子长27米，宽13.5米，为两进院落，建筑结构舒展大方，气象肃穆壮观。祠堂第一进为庙外院，坐西向东。而祠堂坐北向南，使人们在临街看不到祖庙的大门，增加了祠堂的神秘威严之感。进了庙外院，北首拾级而上进祠堂大门，祠堂大门为西式风格的砖券门，充满了儒雅的书卷之气，门楹外刻"郝家祠堂"四个大字，内刻"本立生道"为郝氏家训。进了祠堂大门，就进入了祖庙前院，迎面就看见祠堂二门。二门为悬山式门楼，设计别致，建筑精巧，左右砖刻楹联一副，左刻"根深叶茂"，右刻"固本枝荣"，意即郝家代代昌盛。前院没有房屋，是个空阔的大院，为宗族重大活动聚集的地方，如大年初一、冬至节等全族进行的祭祖活动和举行娶媳妇、生子、族人去世等告祖仪式。进二门就进了祠堂的正院，由正厅和东西配厅组成，正厅面阔13.5米，进深6米，硬山式屋顶，布青瓦，五脊六兽，前出檐1米，四廊柱立于前，雄伟壮观，左右廊壁上刻有郝家祖训，左刻“垂裕后昆承继难兄弟不忘修庙焚香”，右刻“敬遵先祖定章义子义孙不准乱伦入谱”。正厅前额刻有“追远”字样，由郝家十七世孙清末民初诗人书法家郝永修题写，其字体丰满俊美，朴茂刚劲。左右山墙顶角有万字图形，前有龙形砖雕，后有莲花坐婴，以示吉祥之意。正厅北墙有三个神龛，东西山墙上各有两个神龛，中间供有历世先祖的木主。木主供满之后，按照左昭、右穆的设制续行安放。厅前走廊为祭祖摆供之地，有供桌。东配厅供祭祖前长辈休息或议事时各堂主事人聚会。西配厅则是软轿、龙杠、成套餐具等“公伙”器具的存放处。

郝家先族地位显赫，后世代为书香门第，以孝道而闻名。郝家祠堂是天长保存较完整的祠堂。

县衙公署有遗存

井陉县旧时衙门的建筑布局严格按照规制执行。坐北朝南，大堂、二堂、三堂为长官办公地。属官等均不得在中轴线上，有“左文右武”“前衙后邸”“监狱居南”等规制。井陉知县在六品到九品之间，大堂只能三间七架，梁栋饰于土黄，门一间，用黑色铁环，屋脊用瓦兽、兽吻。

井陉县衙

在城内偏东石山下，北依操场垴，东有皆山书院，西接孔庙，占地30亩。县衙以中轴线为主，渐次随地势升高，突出大

↓ 县衙后院知县楼

县衙左配房

堂，两厢对应，烘托中央。中轴线自南向北依次为：照壁、衙口、仪门、大堂、二堂、内宅；两厢分别安置三班六房。

照壁在东大街路南，砖混结构，上覆琉璃瓦顶，壁座为石基，四周砖雕图案，中绘一状如麒麟的怪兽——猹。意在告诫官员勿贪。衙口面宽三间，进深一间，石拱洞门两边为八字墙，明间为甬道。门上为歇山九脊阁楼，斗拱飞檐，东稍间为钟楼，西稍间为鼓楼。仪门是第二道大门，门前各植大槐树一棵。审讯大案时开仪门让庶民进去旁听。仪门内中轴线上建戒石亭，亭内刻有“公生明”等戒言石碑。大堂位于戒石亭后十丈中轴线上，阶台高筑，阔大威严。两侧各置石雕雄狮一只。大堂五间，进深三间，为县衙至尊之地，中三间为“堂”，设公案，为知县审案、听政办公之处。

二堂为穿堂，位于大堂屏风之后，堂额为“鸣琴堂”，借《吕氏春秋》“鸣琴而治”之典。清末改额为“清慎勤”三字。二堂后为精致小院，有楼五间为内宅，额“委蛇堂”，取《诗经》“退食自公，委蛇委蛇”之典，为知县办公之余休憩之所。衙门内大堂院十分开阔，东西为科房十间，东为吏、户、礼三房，西为兵、刑、工三房，东科房后为库楼，西科房后为“南监”，北部为“驿马厂”。衙门，是封建王朝地方行政办事机构的处所，历经沧桑，今天衙门建筑渐渐淡出历史，而天长衙门仍保留着部分建筑遗存，让人们想象当年它曾扮演过的重要角色，激活曾经繁华的天长历史。

井陉县衙建于明洪武九年（1376），为知县刘谦所建，历代均有修葺，明、清、民国，直至中华人民共和国成立后的1958年，这里一直是井陉县衙和政府处所。现有建筑多为清末民初建筑，并有日伪时期高大炮楼耸立于后。

县衙炮楼

天长历来为旧县治所在地，是井陉政治、经济、文化中心。在抗日战争时期是敌占区，同时该地区交通便利，公路、铁路纵横交错，是西煤东运的主要通道。天长地区便成了日伪军屯兵驻扎的战略要地，周围乡村与县城之间关卡、炮楼、封锁线密布。日军驻井陉总指挥部也位于天长。

↑ 县衙后大炮楼

县衙炮楼是井陉最大的炮楼，石构造，白灰砂浆抹缝，东西走向，坐北朝南。主体为平房，长约47米，宽约6米，高约16米，室内结构为券洞式，每个券洞为一室，一层二层均为12室，但结构形式不同，一层分割成6户型，每户两室，为军官宿舍；二层分割成四户，每户三室，为兵营；三层为三室三户，据称是值班室。从第三层开始设射击口，三层以上为主炮台。该炮楼所在地有日军主要兵力驻扎，可俯视全城，东与河东塔相望，西与雪花山联系，周围哨卡密布。

学宫书院文脉长

孔庙

孔庙坐落在古城内西大街路北。东临县衙，西靠城隍庙，坐北朝南，居高临下，自南向北呈长方形，依次升高，占地25亩，谓之陉之学宫。巍然高耸，层累而上，势如凌云，曾经翠柏苍松，巍然挺秀，是一座规模宏大、历史古老的古建筑群。

孔庙又称文庙或圣庙，是古代祭祀孔子的庙宇。孔庙为重道、崇儒、兴贤、育才之地。天长在历史上就有重视教育、兴办学校的优良传统，早在北宋熙宁年间修建县城时，就在城内建起了孔庙，又在元大德十年（1306）重修，以后历代均有修葺。

孔庙是以中轴线为主的建筑，由南向北，依次为照壁、棂星

↓ 孔庙大成殿

门，东有圣域坊，西有圣贤坊。圣域坊旁竖“文武官员军民人等到此下马”石碑一块。迤北有棂星门、青云路，走状元桥（桥下有泮池），过万世宗师牌坊，登72级（意孔子门下72贤才）青石台阶，取青云之意，名青云石阶。进戟门正面，为孔庙主殿大成殿，高大宏伟，斗拱飞檐。大殿厅额挂康熙御书匾额“万世宗师”四个大字。两旁楹柱左书“大道之行，天下为公，老安少怀，先生不忘群众”，右书“哲人虽萎，斯文未丧，金声玉振，至圣乃是时中”。殿内正中供奉“大成至圣文宣王孔子先师之位”。两旁东为宗圣曾子之位、亚圣孟子之位，西为复圣颜子之位、述圣子思之位。殿内高悬“万世师表”“德配天地”“道贯古今”大型牌匾三块。

孔庙大殿建于宽阔高耸处，属高台歇山式琉璃瓦覆顶大木式建筑。其台基高1.20米，面阔五间，进深四间，单体建筑面积247平方米。该建筑平面为周围廊式歇山顶柱网布局，其柱网分布为外围一圈檐柱，里围一圈金柱，四周设台明，前檐台明设三路五步踏垛，柱础皆为素面鼓镜式。大殿外檐施七彩斗拱一圈，有转角拱、柱头斗拱，前后檐平身科二攒，两山平身科一攒，共计34攒。斗拱制作精细，拱瓣明显，昂嘴为象鼻子，做工考究。梁架结构为歇山顶架构中的“踩步梁”做法，前后金柱施“T”形阑额，普拍枋。而两山面施阑额，普拍枋位置却由五架梁替代，形成金柱上架水平交圈，共计四缝架梁，均为三五架梁结构。三架梁旁使用了宋代建筑常见的叉手，而无拖脚。三五架梁之

↑ 孔庙尊师院

间立瓜柱，脊瓜柱旁均有驼峰辅助，驼峰做云形纹雕刻。其特点为两山面用三根金柱支撑梁架，山面的五架梁做成椽椀，在五架梁上加根枋子，所有的山面檐椽均在五架上的枋子上面。瓦顶为剪边做法，各条瓦垄为琉璃瓦或灰瓦混杂。正脊、垂脊、戗脊山花及排山勾滴全为琉璃瓦饰。墙体为一砖到顶，磨砖对缝。壁画、彩绘在两山三五梁上，内容为水纹、人物、花卉，工艺精湛。

1993年7月5日被公布为河北省重点文物保护单位。

皆山书院

北宋大文学家欧阳修在他的《醉翁亭记》开篇便是“环滁皆山也”。据《朱子语类》载：“顷有人买得他《醉翁亭记》稿，初说‘滁州四面有山’，凡数十字，末后改定，只曰‘环滁皆山也’五字而已。”可见“皆山”二字来之不易。井陉乃岩邑，四顾环山，形同滁州。故井陉的皆山书院之“皆山”二字出处便是于此。

井陉的书院文化源远流长。清雍正年间《井陉县志》载，明嘉靖三十三年（1554），知县荀文奎在学宫之东曾建“陉山书院”，久而遂废；清康熙二十七年（1688）知县周文煊舍旧址，经营于城东三里之文昌阁地，辟而扩之，立书院于其中，名曰“东壁书院”；清康熙四十年（1701）知县高熊征擢升两浙盐使，离任时捐资重修东壁书院，落成后观其额曰“文昌书院”；清乾隆四十二年（1777）知县周尚亲鉴于书院距城较远，往返辛劳，遂将文昌书院迁到古城东门内。周尚亲在他的《迁修书院碑记》中曰：“岁在癸巳，乃得东门节孝祠旧址，庀材鸠工，外设门房五楹，左右两庑各四堂，后拓民地数丈建楼层三楹，东西耳房各二，厢楼各二。于是帷堂既定，庖舍有所，而书院于以鼎新矣。经始于是年之夏月，是冬落成。”

皆山书院为省级文物保护单位。大门外两旁置石狮两个，外设门房五间，为朱漆大门。再进为屏门，砖木结构，青瓦覆顶，前门后柱屏门遮掩。进入院内，正房为“正谊堂”，专授儒学经典，唯以道义为重，以勉诸生。东西厢房各四间，东为山长寓所，西为教授寓居。过正谊堂进入楼院，北楼三间，耳房各二，二层楼上为教授住处。东西厢楼各一，均为二层小楼，为书院储藏书籍之用，楼下为诸生寓所兼自修室。东曰“东斋”，西曰“西斋”，北曰“北斋”，为书房之意。

穿过北楼进入中院，东西厢房原为廊柱前檐，硬山式砖木结

↓ 皆山书院

1997 年皆山书院二百二十周年校庆揭碑

皆山书院大门

皆山书院二进院

皆山书院正院

皆山书院高院

乡贤傅汝凤半身像

皆山书院前院

皆山书院大院

构，青瓦盖顶。虽属民房风格，但两排各20米格调一致的古建筑坐落在书院之中，显得尤为壮观。这些房舍为书院的考场，当地人称“考棚”，这些建筑后被改建成四个课堂。登上十一级台阶即到高院。书院为五进院落，高院建筑最为精致，其院因地势而建且高于前几院，故称“高院”。高院砖彻门楼，构置精巧，顶布筒瓦，中置花脊。正房建于石台基上，面阔五间，硬山布瓦花脊顶，为书院讲堂。左右建硬山式厢房各四间，为士子寝室。高院之后为书院的花园。

中轴线主建筑西边的一片空地是书院的“武场”，原先那里摆有刀、枪、剑、戟等习武用的兵器，南北方向备有靶场，还有轻重各异的石锁子供学子课余习武强身之用。

书院为当时井陉县最高学府。一个童生苦读数年，经过考试进入书院，为全县品学兼优者，称“庠生”，自称为“生员”，也就是我们通常说的“秀才”。这些秀才再通过考试考取更高的功名以报效国家。历史上井陉虽属穷乡僻壤，但自古邑民尊文化，重教育，明、清两朝中进士9人，举人63人，贡生255人。

皆山书院规模整肃，做工考究，古朴典雅，蔚为大观，距今已有240余年。自清光绪二十九年（1903）开始几经易名，但一直是井陉的一个教育基地，现辟为天长镇寄宿式小学。

明伦堂及百年学府

明伦堂位于城内西大街北侧，孔庙之西，城隍庙之东，是井陉儒学传承发展的重要见证。明伦堂与孔庙等建筑曾为井陉学宫的重要组成部分，可惜民国以来学宫屡遭破坏，大量建筑今已不存。明伦堂为清康熙五十六年（1717）知县吴茂陵率本邑绅士捐资修建（清末民初为县参议两院），1928年为国民党临时登记处，后为井陉县中学占用至今，保存完好。

↑ 明伦堂

原址有碑文《重修明伦堂记》："三代之学，皆以明伦。伦明，异端不能惑，曲学不能移，计工谋利之徒不能诱，奸宄倾轧俭狠之习不能染而成风。……我朝……凡郡邑学宫，皆设明伦堂，示人以务本之学……"

↑ 井陉县中学大门

古代明伦堂为县府宴请科举高中的及荐送学子，设"乡饮酒礼"之处。原建筑建于北宋熙宁年间。现存建筑为清康熙五十六年（1717）所建，为硬山式建筑，布瓦覆顶，前后出檐，前有明柱，面阔五间，进深三间。清咸丰年间知县姚玉田重测风水，依绵蔓河方位推测旧制不吉，于是将周围垣墙至仪门全部整修一新。

1949年后一直为井陉县中学占用，为我国现代教育贡献力量。

井陉县中学所在地原属井陉学宫，即历代儒学教官教谕的办公处所。清光绪二十九年（1903）在此成立劝学所。1912年改为教育公所，创办师范讲习所。1922年创立井陉简易师范，1925年更名为乡村师范。1951年创立井陉初级中学，1955年更名为井陉一中，1958年招收高中生，成为完全中学，改名为井陉中学，1967年后先后改名为育红中学、城关中学、天长中学、井陉二中。

井陉县中学为国家培养和输送了一批批有用人才，同时，也是具有革命传统的反帝反封建教育基地。1921年井陉乡师在中国共产党的领导下建立青年组织开展反帝爱国运动。1931年中共井陉县委在乡师组织反帝大同盟支部开展抗日救亡运动。1937年冀西民训处在此成立，建立抗日武装组织，给予日寇沉重打击。

井陉县中学已经走过了七十多个年头。如今已经发展为教职工150多名、学生2000余名的县级示范高级中学，是井陉县体育传统学校和艺术学校，师资力量雄厚，教育、教学设施现代化。学校创造性地继承发扬“团结、勤奋、严谨、创新”的优良传统，成为培养人才的摇篮和素质教育的典范，在社会上有着较高的知名度和良好的声誉。建校六十多年来培养了初高中毕业生近2万人，升入清华大学、北京大学等高等学府的4000余人。他们中不少成为硕士、博士研究生及高级科研人员遍布海内外，为天长争得了荣誉，为井陉、为祖国争了光。近年来，招生政策的改变使得生源有了较大的变化。学校领导班子探求新路，着力打造高质量的、有特色的品牌学校，树立“特色学校”“艺术强学”的办学思想，取得了显著成绩。

十年树木，百年树人。由学宫而至县属中学，走过了几百个年头。教育赓续文脉，文化源远流长。

都堂总兵名府邸

霍都堂府的堂皇富丽，许总兵府的独具匠心，“一院四时代”（明、清、民国、中华人民共和国）的省级文物保护单位郝家大院。这些历经风雨洗礼，屡遭战火兵燹，却依然挺立着的古庭院，显示着天长所具有的独特而重要的历史底蕴与文化价值。

霍都堂府

霍都堂府位于天长镇城内村大街西部，旧时分居西大街南北，为明代万历年间大同巡抚兼都察院右副都御史霍鹏之府第。都察院长官在明清时称作“都堂”，故邑人习称霍鹏为“霍都堂”，其府

↓ 霍都堂府后院

↑ 霍都堂府（现为天长卫生院）

↑ 老蜡梅

第也称“霍都堂府”。

霍都堂府在城内府邸，为其任官数载后，购买城西门内民宅，相继扩建而成。时霍氏一族人口众多，霍鹏一辈除其兄弟霍鹇外，尚有堂弟霍鹤、霍鹅、霍鹃、霍鹇等人，子侄辈中有霍叔瑾、霍叔瑄、霍叔璋、霍叔琮、霍叔珦、霍叔璠、霍叔珩等，故需扩建以居。又加上霍鹏后人的相继经营，陆续将城内西街南北两区修建为规模宏大的府第建筑群。

旧日城西门以里南北均为霍氏宅第。南侧有三进院落一组，门楼高大，门外有石狮一对。门楼里有垂花门、厢房及正房等建筑。其后临城墙处有花园，中有可览城南绵蔓河一带景色之望河楼。此处院落旧传为霍鹏之母居住，称“高堂府”。“高堂府”东尚有四合院式院落数座，亦为霍氏家人居住。

霍都堂所居之正院，位于西大街路北，坐北朝南。大门外旧有高大石牌坊，上题“都御史坊”四个大字（今不存）。因是官宦人家，大门为一字式府第门，门前旧有高大石狮及雕花上马石各一对。大门建于高0.5米之石台阶上。前有明柱一对。大门中间为过厅，左右为司阍居所。门厅里有石阶，左右置趴于石上的石狮一对。因石狮面朝向内宅，故与门外张口咆哮的威猛石狮不同，雕成两只对角趴卧于石台上的小狮，似叭狗一般颇具顺从可爱之态。

过门厅为一隔墙，中设门楼。门楼里为悬山式垂花门。门里为一四合院。院西南角有老蜡梅一株。院左右厢房各三间。正房为一高大厅堂式建筑，旧为霍都堂理事及见客之所。霍都堂任刑部郎中及知府、布政使、都堂之时，曾多次回籍。因其官职高于知县，故井陉知县每多拜谒，均在此厅，或有公务诸事、朝廷封赠也在此厅受理。厅中部有巨大木隔扇屏风，屏风上绘登山回首白虎一只，故人称此厅为“白虎厅”或“白虎堂”。过木隔扇屏风出此厅后门，门左右为木柱，木柱下前各有石礅，石礅上刻有长不盈尺之小石狮一对。石狮小巧玲珑，如猫似犬俯卧石上。“白虎厅”为悬山式屋顶。两侧山墙为五花式。山墙上签尖梁架外露，梁架上雕有云纹图案，为万历时初建所为。

都堂府东侧院为六套三进院，占地面积2400平方米，共有房屋50余间和一个后花园。房屋均为砖木石混合结构，硬山式小青瓦覆顶，布局严谨，建筑考究。正房三间，耳房东西各一间，正房三间出檐 、露柱、月台、小青瓦顶。东西配房各一间（系石窑拱洞），下房五间细石料拱券，半月牙式门窗。由于卫生院改建，前两进先后被拆除重建而仅剩最后一进，最后一进的西侧上房中间有鲤鱼石刻，两侧耳房有雕龙，谓之“鱼跃龙门”。

许总兵府

许总兵府位于东关大街路北，许国璧为清康熙朝西北一带安定立有功劳，后升任京师通州副总兵，故称为许总兵。许总兵卸任回乡后，选择城外东关街北侧北高南低的地形建宅院，整个府宅依势

↑ 许总兵府垂花门楼石狮子

↑ 高楼大院

而建，形成以中轴线高大建筑套院为主的格局，辅以两侧套院向四周扩散，宛如一个大元宝形，排列有序，布局规整。府宅占地3000平方米，有房屋200余间。正门在东端，为建于石台阶的高大一字府邸门，在门外有旧石牌坊一座，上题“皇恩特赠”四个大字，是清朝康熙时许国璧为其祖许道禄讨封，由朝廷诰赠光禄大夫并赐银所建，门外有石狮、上马石各一对。总兵府门第建筑为硬山式，中间为过厅，两侧为司阍门房，进门厅迎面一垂花门，两侧隔墙将里外隔开，垂花门为石木结构，左右各一石狮蹲踞于石鼓上。正堂为硬山顶式厅堂，旧称“白虎厅”，为总兵理事见客的地方。此堂面阔三间，均为清代康熙朝之旧物。穿过白虎厅，经隔扇左右出厅门，又见一院，门为石木结构垂花门，为悬山顶式。门左右各一石狮蹲踞于石鼓上，高150厘米。垂花门里为一院，左右厢房各三间。正面为二层过厅楼，楼后又一小院，过厅楼上是读书及藏书之所。每进一层院就高一层，共六节院。再往后走就是花园，正门西边是巷道，有绣楼、高堂第府，宽敞、幽雅、恬静，都是女眷读书之所。

许总兵府自建成后历清康、雍、乾、嘉至清末，许氏家境渐落，宅院数次易主，除少数改建，大部分院落比较完整地保存下来，成为井陉目前保存较好、规模较大的明清府邸院落。

郝家大院

郝家大院位于南门街西侧，初为清道光年间郝国玺世居，其祖上郝赋候选州同知，为名门望族。据《郝氏家谱》记载："国玺，字印章。井陉在城之善士也。幼以孝闻，稍长，治家勤俭，倍蓰于寻常，其经营房屋计有数十余楹。而书院、而团练、而庙宇桥梁，种种善举，乐于人共而赞成之者，尚多也。蒙例清特授以九品职衔，岂寻常荣典哉！长子清奉政大夫维；长孙清试用训导锡恩；长

↓ 鸟瞰郝家大院

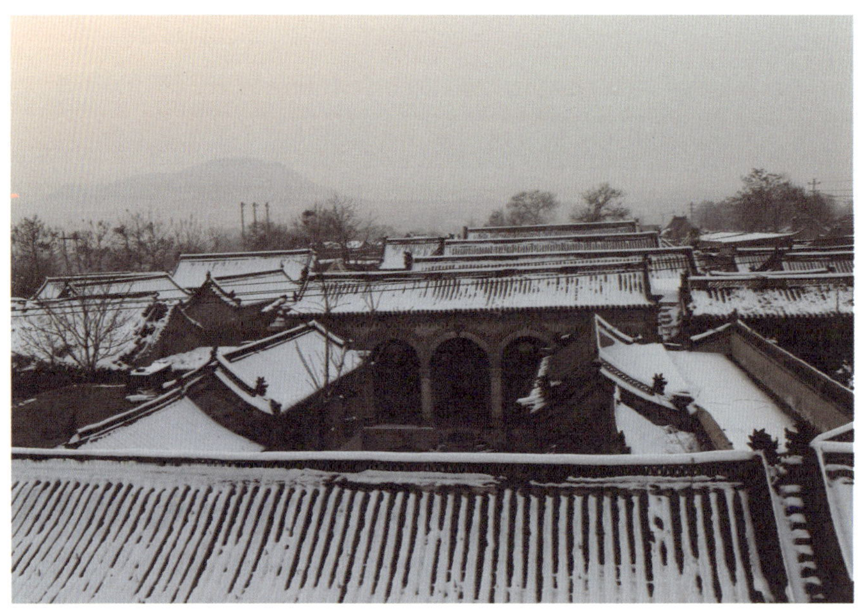

↑ 雪后黄昏

↑ 雪后郝家大院

曾孙清候选县丞喆……”后郝氏家道中落，清末民初及日寇占领井陉后，分两次将宅院卖于王家，因此也有人将郝家大院称为王家大院。王家的第三代人王景岳于1938年2月担任井陉县伪县长，其在任期间又对宅院进行了修缮或重建。至20世纪50年代初，大院形成了占地15亩、房屋162间，由8个古院落、一处花园、一座小礼堂组成的古建筑群。

由高耸的尖顶硬山式、木雕挂落遮掩的大门拾级而进，穿过一条甬路，来到大院的第二道门——遮屏式立柱敞檐门楼。门口对面的影壁为砖雕百寿图，由100个结构不同的篆体“寿”字组成，两边松鹤浮雕中，刻有一副对联“损人欲以复天理，蓄道德而能文章”。

进入第二道门，正面墙壁上有“福、禄、寿”砖雕图案。甬路的“北院”为二进式院落，重门叠院。大门为一字形砖彻门楼，门内两边刻有“吉祥”“如意”图案的砖雕。穿过厅进入正院，七级台阶之上的正房为“一佛二菩萨”建筑格局，中间为尖顶硬山式建筑，两边为卷棚式建筑，厢房整齐有序排列两侧。整个院子的房屋大部分没有梁架，多是拱券成屋，房顶覆瓦，为典型的清末民初的建筑风格。当地人称这样的建筑为“无梁殿”。

“穿堂院”“高堂院”则为明清时期的建筑，这两个院落突出了古代礼制的建筑风格，是古色古香的四合院，地面方砖整齐有序。“穿堂院”内南北两侧有厢房各三间，正房五间，硬山式布瓦顶，经过五级台阶进入屋内，有木屏风，经后墙门可达后院。这是家中主人居住的地方，中间为客厅，两边为寝室。“高堂院”七级高台之上的正房面阔五间，前出廊厦，为长者居住的

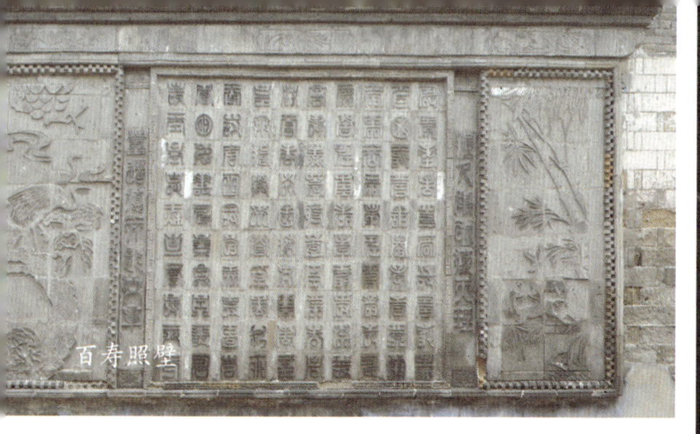

百寿照壁

砖雕——封侯摘印

典雅古韵

北院打开屏门，中轴线穿堂而过

高堂院甬路

庭院深深

郝家大院

中院

俯瞰郝家大院

地方。前檐正中有蝙蝠、葡萄串图案组成的木雕挂落。两边带廊檐的“绣房”为闺秀居住的地方，跨院的房子为佣人住的地方。门楼居中，为明柱简易式垂花门，两边立墙上的砖雕图案为“封侯挂印”和“丹凤朝阳”。

从“高堂院”出来，穿过夹道，峰回路转，书房、凉亭、小长廊等园林建筑豁然展现在眼前，是大院的小花园。旁边有一处砖木构造、灰瓦覆顶、小巧玲珑的四合院，上房为账房，厢房是下人住宿、办理事务的地方，人们称这个院落为“下人院”。

由一条狭窄的夹道进入一处宅院，南北厢房各三间，上房坐西朝东建于青石台阶之上，为典型的中西合壁式建筑：廊檐均为拱形，砖柱上装饰有砖雕花卉图案，门窗呈半圆拱形，皆为当时流行的西式风格。此建筑为时任民国临时执政段祺瑞之弟段祺勋所建。

↓ 中西合壁民国院

1947年，解放军解放井陉，大院成为中共井陉县委所在地。1952年在大院建了一处青砖砌墙、红瓦覆顶、古门窗装修的新式建筑——井陉县小礼堂，此后，直到2002年7月复原工程开始，郝家大院一直为县、区、公社、乡镇办公之所。

该大院现存明、清、民国、中华人民共和国四个时期的建筑。整个大院廊柱引绕，门扉掩映，建筑风格流畅明快，古朴壮丽；房屋纵横交错，高低错落；院楼交错相通，曲径幽深。俯瞰大院，整体布局为双喜字图案，被誉为一座建筑迷宫。郝家大院为河北省重点文物保护单位。

右相府

右相府为明晋王府右相府李鸣世之府第，位于城内南门东侧。大门坐北朝南，内设屏风，迎面是面阔七间的黑虎堂，高大威严，

↓ 右相府

↑ 右相府山花砖雕

↑ 右相府高大的屋顶

铁角吞兽，琉璃脊，灰瓦覆顶。堂前有执事月台，置棋牌、伞盖等物。前植一株海棠树，直径一尺。堂西有客厅院，东为管事房，东西马道可达两门。碾坊、磨坊、水井俱全。惜“黑虎堂”在日军侵华时被拆除，只客厅院比较完整地保存下来。

客厅院位于右相府西侧，南北长约36米，宽约20米，坐北朝南，在东南角开巽字门，和临街南屋为一体，雄伟宽阔。房屋为厅堂四合院，梁柱结构，硬山式建筑，青瓦覆顶。分为北厅、东厅、西厅。北为正厅，面阔五间，长18米，进深三间，宽8米，前后出檐，花脊，脊梁鸱吻，为五脊六兽，两山墙有精致的云纹砖雕，意即主人高升如意、年年有余、幸福生活。屋内有立柱四根，门窗棂格，玲珑剔透，一窗到顶，宽敞明朗，为家族和宾客聚会的大客厅。厅左右明堂，各有砖券平门，额上左刻“西院翰墨”，右刻“东壁图书”，意即书香门第，又是李家文人集会之处。东西客厅为单独邀亲朋好友谈叙之处，长约8米，宽约4米。临街抱厦、敞廊，是接待客人、家人之地。为典型的明清四合院。右相府气势宏伟，又不失儒家气势，宽阔明朗的正厅，设计精细的脊顶，工艺精致的云纹砖雕，依稀可辨当时的威严景象。

霍家院

位于天长北关南大街东侧的霍家巷内，原为清末民初霍焕文宅第。霍家世代书香门第，霍焕文是明代右副都御史霍鹏十八世孙。以孝为先，以善著称，忠厚宽仁，轻财好义。曾办理村务，治理学校，视村事、校事为己事。修桥、建寺慨解义囊，乡人多钦佩之。

↑ 霍家院牌匾

霍家为天长名门望族，原有多座院落，多为三进、七进院，

↓ 霍家院正房

分布在北关东巷子南北两侧，早已残破。霍家巷内霍家院是唯一保存完好的四合院。霍家院在霍家巷北侧，坐北朝南，是一座硬山式单进四合院，占地1532平方米。北为正房，东西厢房，倒座南房，正房高于厢房，东房高于西房，门房高于厢房，有连升三级的寓意，代表着伦理上尊卑有序，也展现了建筑的层次感。进入院内自然有一种悠然自得的气氛，感到轻闲、清静，享受到家庭的欢欣天伦的乐趣。霍家院大门在东南角和南房为一体，八卦为“巽”字门，巽意顺，出门通顺，寓意为“紫气东来”。大门采用木板大门，上下都放在轴心里，左右旋转，可以敞开闭合。大门有门框、门枕、门簪、门钹、门栓、插关等。门外有上马石一对，门洞内有箱式石门墩分列两旁。左右内侧雕有鹿、马图样，外侧刻有荷花、菊花图案，象征家族高洁的品格和坚强乐观的精神。步入院内，迎面为东厢房山墙，山墙有座山影壁，中间有土地祠。院中方砖铺地，植有石榴树，意即子孙多多。红绿相间，饶有趣味。步七级台阶可达正房，正房为五脊六兽、前后出檐、三明两暗、配有耳房；前竖廊柱、镂雕挂落、木雕门窗。雕花繁而有序、玲珑剔透、变化无穷、赏心悦目、寓意深远。冰裂纹象征纯洁、清正；菱格又称网纹，意为获得财富；云纹寓意无限吉祥；龟代表健康长寿，无灾平安；梅花纹有报春之象，象征君子之德；鸡表示守信、准时、辟邪、去灾；鱼同余；蝙蝠同福；中心园图案象征圆满团圆，让人住宿时有安全感，心灵得到安慰。东西厢房

↑ 正房木雕

各四间，南房五间，全院各房前后都有砖雕墀头，精致美观，蕴含着深刻的文化内涵，有民俗的趣味。松竹、葡萄蔓长多子、挺拔健壮；芙蓉、桂花万年富贵；葫芦意为福禄；鹿代表和谐、幸福和忠诚；虎是吉祥幸福的象征；喜鹊是春天的使者，美好的象征。檐下立栏、卧栏木刻彩绘各种图案构思精巧，独具匠心，令人叹为观止。

北关霍家院建筑考究、精工细做、题材丰富、构思多变，为清代建筑艺术宝库，充分显示了中华民族高超的建筑工艺水平。

↑ 马头砖雕

↓ 柱础

↑ 城壕街

故街旧巷梨园韵

天长主要街巷有东大街、西大街、南大街、城壕街、东关街、北关街，蔡家巷、卢家巷、郝家台、毕家巷等。街巷两侧的商铺、旧宅、戏院，诉说着天长昔日的繁盛。

东关街

东关街历来是井陉县文化聚集之地，现存瓦房铺面九家。现在还有人在用旧字号的店铺名，比如三泉永、易信居、福庆和、集成永、福聚厚、聚兴隆、兴源堂、永德号、仁泰公、德盛永、广义斋等。街面古时候都是黄土垫地，铺户用板搭门，就是门槛上留有木槽，下有过门石，留有石槽，把板搭一块一块安上。各家门脸前放有水缸，既能防火又能用水泼街。铺户如有三间门脸只开一门，每户商铺有长凳一条，两条腿在里，两条腿在外，常坐着一个人，专门与顾客打招呼，店内有小伙计在柜台里卖货。大街地面保持着干净卫生。

卢家巷

卢家巷为卢家居住地，位于东关城壕街东，大部分为明清时代建筑。

卢家为天长大姓。清雍正年间《井陉县志》记载明岁贡卢成为

↑ 卢家院落俯拍

卢家祖上，卢家本在县内南张村，旧时有牌坊两座，房屋三十多间。后卢家分为三支，其他两支迁徙异地。留在天长的卢姓清中期最兴盛时，以土地为主，兼营商业，不仅县域内有买卖，而且北京等地也有店铺。经过数代经营，卢家在天长多处修建宅院，现成片保存下来的只有在城壕街小南门东占地10余亩、房屋150余间的一片宅院。因其房子建于一道巷子的两侧，且全部为卢氏族人，所以人称“卢家巷”。

卢家宅院大多为砖木结构，灰瓦覆顶，尖山式硬山建筑。因“巷子”的缘故，多为单元式院落。院落门洞隐现，庭院深深，显示出一种小康之家的恬淡之气。

天长戏院

天长戏院位于东关街。20世纪50年代，井陉县委、县政府驻城关（天长）时，于1957年对旧戏院进行了改造，建成比较现代的新礼堂，座椅全部换成折翻式椅。在戏院台口发音，各个角落声音清晰可听（只因当时演员不带话筒，没有音响的设备），照明用汽灯，布景都是用布花制成。戏院由来已久，曾在戏院登台的山西晋剧名家有牛桂英、王爱爱、冀美莲、丁果仙（艺名果子红）等，戏剧院能容纳一千三百多人。1984年之后戏团走向衰落，后改为影剧院。1990年又重新翻建，改为电影院，安装了电影座机。在此演过立体电影《惊梦游园》，一时为之轰动。

卢家巷

天长老院

青瓦老屋

宅院大门

内部陈设

天长镇空气清新、生态自然。山有雪花山、天长岭、玉峰山等，巍峨高耸，气势雄壮，一石一木皆有神韵。水有绵蔓河，清波流淌，蜿蜒曲折，背水之战佳话千秋。

↓ 雪花山

山川形胜
太行间

山，是天地交接之所，因此成为超凡、永恒、纯洁和精神升华的标志。山顶云遮雾绕，是神秘的地方。火山带给人们的则更多的是恐怖的印象。所以，人对山既敬畏又神往，认为山总是和一些神秘现象有关。山，远离大地，与天接壤，便成了超越芸芸众生接近神灵的象征。山石是所有无生命物质中具有勃勃生机的一种，其历经沧海桑田不变的持久性，又象征着稳定、永恒，它见证着远古并永远是神灵的居住地。在生命进化的过程中，山无疑担当了人类摇篮的角色，人类的文明就这样从大山中一步步走来。位于天长的大台山、雪花山、玉峰山，比起盛名之下的五岳，显然少了一些预先附加的期望值。但正因为它们深藏太行褶皱之中的平凡，才更显得深沉、包容而活力充沛。它们深深扎根

↓雪花山倒影

于太行岩层之上，犹如屏障堡垒，庇护着天长。它们有灵性。

↑ 建在玉峰山上的寺庙

中国传统文化中，自然之水常被赋予社会意义，水具有无私滋养万物的特性，它给万物以利益，而不与万物争利。它构成了万物和人体中最主要的成分。地理环境处于文化生态最基础的层次。最古老的河流冲开了天地玄黄、宇宙洪荒，冲出了人类文明的新时代。也许有某种巧合的成分，最古老的人类栖息地总伴随着最古老的河流。绵蔓河，不知流淌了多少年，曾无私地孕育了井陉地区的先民，所以说绵蔓河是井陉人的“母亲河”。

↓ 绵蔓河

临城古寨雪花山

雪花山位于古城外西南三里处，石太铁路井南车站西侧，绵蔓河南岸，三面临河，石壁峭立，雄险可持，与天长古城隔河相望。登高可俯瞰全城，为古城外围的重要制高点，是古城的天然屏障，故又名“护城塞”。其战略地位十分重要，为娘子关、固关两关之间交汇点。雪花山矗立在天长城垣的西南侧，其北绵蔓河水绕山而过，其东南河东岭，自古是守三晋的“屏藩锁钥”。

雪花山主峰海拔438.38米，巍峨雄险，山上怪石嶙峋，为古火山之一，早年林壑深邃，石磴崎岖，满山丛林尽开白花，宛若雪花，晶莹洁白，因此得名雪花山。它居高临下，雄视全城，被当地尊为“西顶”，与城北的“北顶”玉峰山共同拱卫着天长城垣，是天然的保护神。

↓ 雪花山上

雪花山泉水有圣水之称，山泉水从石缝中流出，清冽甘甜，取之不竭，水质晶莹纯净，品质优异。

↑ 雪花山夕照

历史上多少个王朝在山上设兵防安营扎寨。在冷兵器时代，漫漫岁月，唯其居高望远，能为城中安危早做防御。

靖康之变时，北宋爱国将领种师闵曾率军在此设伏，给气焰嚣张的金兵以重创。

清末庚子之役（1900），清大同镇统领刘光才奉旨率军在东天门据险，大败法军，取得庚子之役井陉东天门保卫战大捷。旋即又在雪花山设防，给进犯山西之法军以迎头痛击。

↑ 雪花山碧霞元君祠一角

清末辛亥之役（1911），晋省义军占据雪花山，在这里建立大本营，与清军对峙月余。清军违约宣战，以四五倍精锐之众绕而攻之。凌霄塔下之河东坡为激战之地。10月19日之战，硝烟弹雨，三日不绝，晋军终因兵寡援绝，被迫于21日全部撤至山西一线，娘子关、固关两关失守，清军长驱入晋。

1927年，晋奉之战，晋军固守井陉，以雪花山为主要防线。1928年，奉军大举攻晋，迫据天长，相持月余，猛攻数次，卒未得下，因而山西东麓赖以安堵。

1937年10月，国民革命军第三十八军第十七师师长赵寿山奉命防守娘子关外围。他在雪花山、乏驴岭一带，用麻袋装土做掩体，构筑防御工事。10月13日晨，日军川岸文三郎第二十师团向娘子关发起全面总攻，雪花山首当其冲。激战两天一夜，雪花山反复易手数次，后日军调集千余军力强攻雪花山。在坚守雪花山的战斗中，第一〇二团共产党员、连长张登第率全连英勇作战，坚守阵地，最终全连壮烈牺牲；第十七师在雪花山、乏驴岭等地与日军部队血战九昼夜，为保卫太原赢得了时间。

1947年4月，解放军采取灵活机动的战术，迅速勇猛地攻下雪花山，全歼敌一个加强排。此役以“雪花山战斗”之名载入史册。

雪花山顶上有一片平地，建有碧霞元君祠，主殿铁瓦盖顶，飞檐斗拱，雕梁画栋，登山顶俯瞰四周，天长古镇城区街市尽收眼底，古人将此山景列为“井陉八景”之一——临城古寨。

↓ 从天长看雪花山

铁龙钻石玉峰山

“天长”之名最早恐怕就属天长岭了。天长岭在天长古镇的北面，西部为石山；东部为土岭，天长古城墙就随着西部石岩的延展建成了簸箕的形状。天长岭的西部校场为古习武练兵之场，又称为“洄星城”。概因其下有子母石长十余丈，高约丈余，绵蔓河水从上游流来，水势迅猛，被石墙顶撞，回旋向东南而去，古称此地为洄星河。唐藩镇割据时期，唐穆宗派兵平叛，在此与哗变的成德军都知兵马使王廷凑打了一仗，并载入史书而出名。

天长岭之东有玉峰山，俗称“北顶”，为井陉“四顶”之一（南顶苍岩山、东顶莲花山、西顶雪花山）。山不算高，但拥群山之秀，环水之波，上接苍穹，下锁“铁龙”（黑褐铁矿石）。山上一株千年古槐每年仍抽着新枝，与周围的杨柳争绿。

宋景德元年（1004），宋真宗钦敕在玉峰山修建石佛圣岩，明灵王殿。以后历代扩建广生祠、观音殿、玉皇殿、张仙祠、火神庙、财神殿等，供天下人祭祀礼拜，以保平安。

玉峰山中的明灵王庙，由青砖砌成高3米、长12米的庙墙，古朴无华。进入庙门，由明灵王殿和东西厢房组成的庙宇映入眼帘。两个厢房皆为卷棚顶布瓦硬山式建筑，左为僧舍，右为广生祠。

明灵王殿雄伟壮观，为尖山式硬山顶建筑。长10米，宽5米，建在高1米青石台阶上。殿顶布琉璃瓦剪边。正脊为黄绿褐三色琉璃花脊。花脊陡板雕有四龙，相向而行，脊中塑有一护法力士，上有宝珠。护法力士后，脊中刻有“嘉靖三十七年立”字样。殿内梁架为七架梁。殿前出廊檐前立两根檐柱，与明间之金柱以檐梁相连。前檐柱下为墩形石础，檐柱上承阑枋。檐梁及檐、阑枋、普拍枋皆施绘。大殿正中、明间为四扇落地隔扇门，次间坎墙各四扇槛窗。隔扇门窗及檐柱皆朱漆，大殿两侧以雕塑装饰，工艺精湛。

殿中主要供奉药王邳彤，金身龙袍坐像，背北向南，神采奕奕。执七星牌，垂五绺须，佛目初展。春秋战国扁鹊、东汉张仲景、东汉华佗、晋朝王叔和、唐朝孙思邈、明朝李时珍，亦受供奉，塑像神态自若，各有千秋。

邳彤，信都（今河北省衡水市冀州区）人。东汉中兴名将，光武帝刘秀属下云台二十八将之一。曾做曲阳郡太守。为官清廉，关

↓ 玉峰山寺庙

心民间疾苦。他还酷爱医学，在民间倡导和扶持医药行业。为当时的黎民百姓采药、种药、行医付出了不少心血，颇受黎民百姓称赞爱戴。民有疾苦，时显灵应。

火神庙在明灵王庙西侧，建于清乾隆四十年（1775），雄伟壮丽。门前有凉台，两旁竖旗杆，蹲雌雄二狮，有山门，两侧有厢房。现仅存大殿，该殿建筑为尖山式硬山顶，长8米，宽3米，石基高0.8米。殿顶为琉璃花脊。殿前檐出廊中有两根檐柱，檐柱上置阑枋，普拍枋、檐檩两檐柱及两侧盘头施有柱头，斗拱四朵，美观大方。

火神庙中供奉的火神是赤帝祝融。祝融是上古部落首领的儿子，小时候叫黎。他特别喜欢火，十几岁就成了管火能手。黎还会用火煮饭烤肉，取暖照明，驱逐野兽、蚊虫，因此赢得了大家的尊敬。在迁徙中，黎觉得带着火种不方便，发明了用石头取火的方法。黄帝听说黎的功绩后，把他封为专门管火的火正官，给他起名叫祝融，并让他镇守南方。他住在衡山的最高峰上，经常巡视各处的百姓，教他们取火、烧熟食、使用火把照明、点火熏烟、用火驱蚊逐兽，百姓很尊敬祝融，尊他为赤帝。

明灵王庙东侧旧有财神殿、娘娘祠。祠前建有廊庑，又称凉亭，旧为文人墨客饮酒赋诗之所。往东有玉皇殿、观音殿，向东半里有宋代开凿的石佛圣岩，摩崖造像。

玉峰山山腰有黄赭色砂岩嵌入黑褐铁矿石，蜿蜒如一条苍龙，曾有“铁龙钻石”之称，为“井陉八景”之一。

背水列阵绵蔓河

绵蔓河，古称绵蔓水，又叫绵河。最初的井陉先民依太行山和绵蔓河而居，绵蔓河是井陉人选址筑室、形成聚落的首选。直到聚落渐渐扩展为“城”，也首先想到水。古人选城址有一种说法是：山随水行，水随山转，山防水去，流来之水要屈曲绕抱，流动的水要盘桓。天长外的绵蔓河河道弯曲而平缓，水质清澈，无论作为军事防御，还是发展交通、城镇生活和工商百业用水都是明智的选择。但是绵蔓河水泛滥常会增加天长的防洪负担，所以为防洪（同时防御敌人），历代王朝都投入相当大的人力、财力、物力对贯穿城垣和紧邻城下的绵蔓河进行整治。

↑ 绵蔓河朝霞

↑ 绵蔓河夕照

据雍正年间《井陉县志》载：“绵水潆洄于前……”《井陉县志料》载：“绵蔓河，源出山西寿阳县东，有二源。一出鸦儿峪，曰南芹泉；一出太平峪，曰北芹泉，水色赤浊，合流，名太平河。东流至平定界，桃水，亦称桃河。又东流，有南川水、阳胜水、嘉水、石门河、清玉峡水、泽发水、绵水、太谷水依次注入，经石峡，至娘子关东五里，入县境之南峪村，乃更名绵蔓河。又东流，经北峪村南与北峪泉会，沿山麓，至乏驴岭村西，转而向北，过山峡复转而向南下经乏驴岭口，折向东，历蔡庄、荆蒲兰、校场，又南下，折东，至县城南门外，当地人名曰护城河。东流经城壕、河东折而北流，出北关外大石桥下，流经石桥头、庄旺、三西河、南张村、北张村，而至南横口与甘陶河会……"

古代绵蔓河水患常为百姓带来巨大灾难。官方专设"井陉汛"营房，在东关小南门阁下西院，明清时期兼管城防、缉盗及循绵蔓河防汛。其官长为"汛把总"（营以下军官，仅次于"千总"）。在天长至微水的绵蔓河一段曾是淮阴侯韩信"背水之战"故地。

绵蔓河作为天长一带的母亲河，哺育了沿岸无数代井陉人，她像一条玉带环古城垣缓缓东流，不舍昼夜，展示着"上善若水""智者乐水"的魅力。

绵蔓河是流经天长镇唯一一条河流，也是井陉最古老的一条河

↓ 绵蔓河春色

流。放眼不分昼夜、滔滔而逝的绵蔓河水，何尝不是一位历经沧桑的圣贤。绵蔓河，面对从娘子关到乏驴岭高昂而傲的峻岭险峰不屑一顾，匆匆而去，对那雪花山下天长城前的低谷浅滩却浸润泽被、不遗余力。水的哲学真是深不见底。与天长镇人关系最为密切的远古文化遗存无一不和横贯全镇的绵蔓河有关，无论是大台山五千年前的仰韶文化遗址，还是沿河而下的先商文化以至唐宋遗物，都证明了这条母亲河的当之无愧。

绵蔓河，目睹了发生在天长周边的所有战争硝烟。

公元前204年，汉将韩信东下井陉击赵，于绵蔓河背水列阵，创造了以少胜多、出奇制胜的战略奇迹。绵蔓河有灵，虽为赵国的河流，却让机智的韩信躲过“死地”，战胜了粗疏自满的陈馀。绵蔓河是公正的，它既不为胜利者骄，也不为失败者悲，依然故我，

↓ 河畔的洗衣人

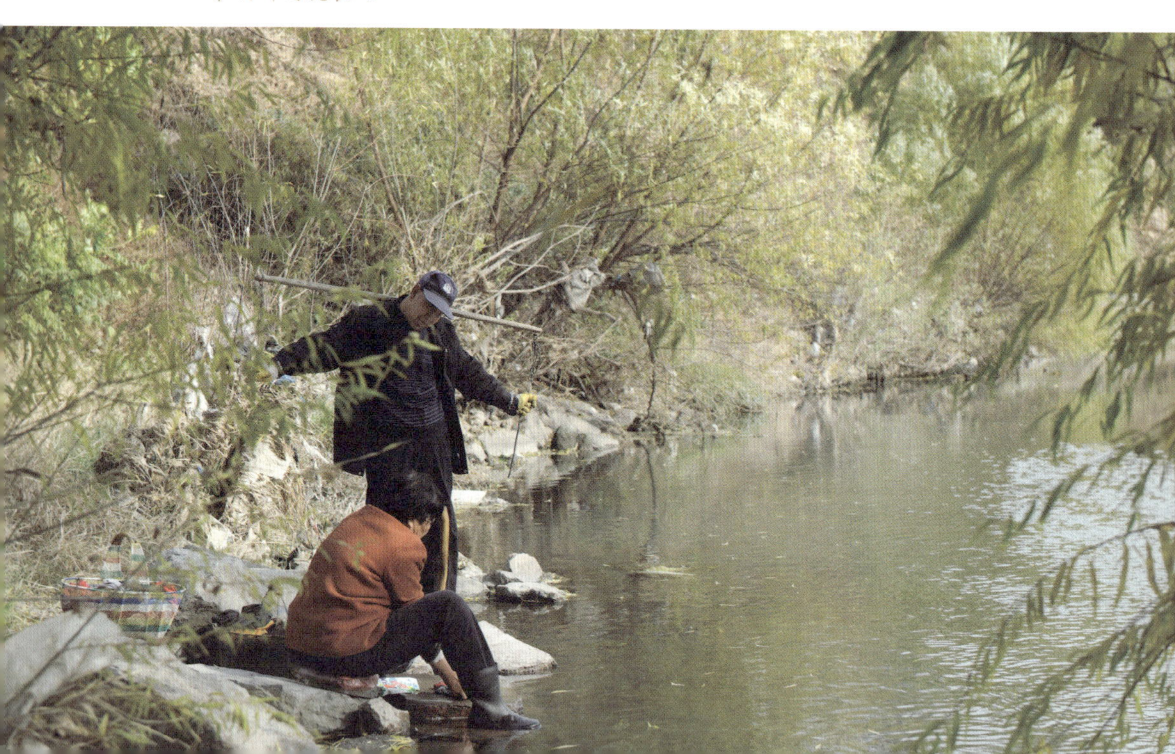

东逝而去，造福着两岸的人们。

在这里，以胡服骑射名扬四海的赵武灵王，劈山拓路造桥，一鼓作气灭了中山；在这里，唐穆宗任命裴度招讨哗变的成德军都知兵马使王廷凑大战于洄星城；在这里，唐宋井陉瓷器由绵蔓河水运直通渤海海滨码头……豪杰们书写的辉煌历史被绵蔓河一页页翻过，永不言败，更永不言胜。

绵蔓河流入井陉，凶猛湍急。白昼似平静无声，而于夜静更深，万籁俱寂之时，则河声湍湍似千瀑奔泻，猛浪涛涛如万马奔腾，即“绵河夜涨”，被古人列为“井陉八景”之一。

绵河夜涨

苏彭龄

夜看绵河塔影收，城边涨气出中流。
霜侵不受冰坚腹，日落如逢蜃筑楼。
介子清波明月里，淮阴被阵晚潮头。
寻源错认桃花信，有脚阳春几度留。

↓ 河畔的菜地

天长虽小，然人才辈出，忠良贤达有之，儒林孝友有之，高僧法师有之。传美好乡风，继忠孝美名，一代一代，承前启后，继往开来。

第四章

赤子忠心代代传

↓ 玉峰山庙屋脊砖雕

名人乡贤俱精英

田叔

田叔，井陉人，齐国田氏后代。汉景帝时为汉中守。叔为人贤能，景帝曾派其调查梁孝王刺杀朝臣一案，叔还报：陛下无以梁事为问。若梁王不伏诛，是废法；如其伏诛，而太后废寝忘食，此忧在陛下。景帝赞许有加，封其为鲁相。叔初到任，民间有讼鲁王夺财者数人，叔笞之曰：王非若主耶？何敢告尔主？王惭，开国库偿民间。

田仁

田叔之子。汉武帝时，田仁因为体魄健壮成为卫青将军舍人。多次随卫青出击匈奴，后经卫将军举荐田仁为郎中。数岁，为二千石丞相长史。其后，使刺举三河。上东巡，仁奏事有辞，上悦，拜为京辅都尉。月余，上迁，拜为司直。数岁，坐太子事。时左丞相自将兵，令司直田仁主闭守城门，坐纵太子，下吏诛死。

崔行功

崔行功，井陉人。北齐巨鹿太守崔伯让曾孙，由博陵徙家。自少好学，唐俭爱其才，以女妻之，命为前后征讨文表。唐高宗时，转吏部郎中。善于敷奏，常兼通事舍人内供奉。坐事免，寻征为司文郎中。朝廷大手笔，多行功及李怀俨之词，二人相次为兰台侍郎，委以检理四部群书，仍专知御集，预撰《晋书》及《文思博要》等书。咸亨中，官名复旧，改任秘书少监，卒于官。有集六十卷。

霍鹏

霍鹏，字博南，号璜溪子、三明居士。天长镇城内村人。万历丁丑（1577），获赐“进士”。授山西潞安府潞城县知县。后调长子县。因父病故，服阕，补江南句容县知县。升南京大理寺评事，历湖广司主事，本部广东司郎中，升汝宁府知府。开河灌田，民获其利。及丁父忧，复补卫辉府。升陕西按察司副使，整饬肃州兵备道，并四次获朝廷赏赐。升陕西布政使司左布政。后丁继母忧，补河南布政使司，升大同巡抚，恩威并著。五年间，边境安定，进阶都察院右副都御史，后又进阶通议大夫。因病乞休，暂准回籍，抵里而卒，时年五十七。

↑ 霍鹏

李鸣世

李鸣世，生卒年不详。天长镇城内村人，宁武道兵备李春芳长子，明隆庆丁卯（1567）举人。初授齐东县知县，在任三年，勤政爱民，历任高密县知县、金乡县知县，升莒州知州，锄奸剔弊，百姓感戴。后又升济南府同知，管理临清事务，他减轻人民苛捐杂税，减少徭役，精简政府机构，秉公办案，深得人民拥护，州民为他树立了“遗爱碑”，以彰其功德。后又任岢岚、东

↑ 霍鹏牌位

平二州知州，均有声誉。后升晋王府右相，进阶中宪大夫。

许国璧

许国璧，天长镇东关村人，字完璞。以武举历升济南府游击，土寇猖獗，统兵进剿，立功十一次。斩巨寇周魁轩等七名，其余头领无算，进阶怀远将军。后任山西，陕西延绥有朱龙、孙崇据神木、府谷叛。奉抚军委，驻防保德河干。铁衣不解，昼夜巡防。救回府谷令，获全印信。朱、孙又以逆书煽惑。公按剑叱曰："吾生平忠义自持，何物么麽，敢肆志如此耶！"遂先渡河，擒斩伪官，恢复城邑。升都督佥事，管通州副总兵事。

于翰

于翰，天长镇北关村人。自幼聪明，苦读诗文，师从谢帮泰，明隆庆庚午（1570）举人，万历甲戌（1574）进士，初为洛阳县令，其治风简诚，平易近人，深受群众爱戴。返京面觐皇帝，后仰毗公为神丛。后因县内失盗，而谪为县丞。又因盗金失而复得，复迁为蒲台县令。考功名封公为文林郎，升徽州府同知，又任苏州司马，政绩显著，升镇江府同知，万历皇帝封为奉政大夫，公感恩报皇恩而厚行废食，劳疾成病，于万历二十二年（1594）八月二十九日于任上病故。前进士刑科给事中江夏丁应春题写墓志铭曰：白杨萧之井陉寒，红颜冉冉生于翰。

许尔忠

许尔忠，天长镇东关村人，字贞尔，号葵日。万历甲午

（1594）举人，秉铎山西夏县。揭“正义明道”四字，书于亭，日进诸生课文。升朔州知州，擢江南苏州府同知，委督浙漕，浃旬，漕艘并进。檄治浒墅钞关，清宿蠹，减苛额，余金悉籍在官。及檄治苏州常镇四府，分受关榷，置买学田，厘奸剔弊。后为同僚所陷，降授陕西兴安州知州。修举废坠，严行保甲，除死亡丁千八百有奇。升审藩司理。丁内艰归，值流寇薄城下，躬率士民，多方守御，居民获安。其生平清操才干如此。

许自严

许自严，天长镇东关村人，字省独，号敬吾，万历拔贡。亲殁，衔哀庐墓。胞兄早逝，待嫂侄甚厚。壮年乏嗣，妻冯氏密买一女为妾。严正言相拒，令还其家聘金不问。乡人赵国栋、高隆门负债，欲鬻妻子以偿，闻而焚烧借据。崇祯间，本邑荒，捐粟赈济，全活甚众。官山西泽州陵川县知县，升陕西临洮府通判，惠政爱民，奉公洁己。以仲子国璧贵，赠怀远将军荣禄大夫。

霍叔瑾

霍叔瑾，天长镇城内村人。明崇祯丙子（1616）举人，清顺治郎中，奉差临清砖厂，兼兵部副使。历升至通政使司，刚介自持，善草书，为上所悦，屡蒙钦赐，年六十，致仕卒。

蔡良

蔡良，字郑三，天长镇城内村人，未弱冠，与兄同年入泮，旋食饩。屡上公车不第，以时方多难，乃援例捐纳教职。办理团防出力，得奖六品顶戴。历数万全、柏乡、鸡泽等县，皆称职，精岐黄术，全活甚众，不望报施，其经理书院，尤能筹划精详，规模宏远，故其子孙继述先志，接办书院事务，均能认真整顿，不负众望。

许培曾

许培曾，天长镇东关村人，字绳其，清邑庠生。幼时，善事父母，友于兄弟。终日孳孳，好学不倦，卒以能文章、工书法名。设帐授徒，循循善诱，诲人不倦，负笈来学者趾踵相接。一时遐迩碑匾，多系先生手笔。充皆山书院董事多年，热心教育，学界钦佩之，呼之为“老绳先生”而不名。同治庚午（1870），地方多故，先生办理团练，昼夜巡防，民赖以安，保举六品顶戴。光绪初年，县城南面临河一带，因岁久失修，坍塌不堪，先生纠合城关绅耆，募款修葺。南门内立有碑石。

梁韩镇

梁韩镇，字雨峰，天长镇北关村人。学识渊博，才华横溢，能诗善画，为同治癸酉科拔贡。自幼聪颖，师从张篮田老夫子，每遇同学生讲经旁听而陬能自解，师甚器之长，读经史过目成诵，历久弗忘。脱文尤俊逸，弱冠入邑庠。旋食廪饩，文艺诗赋屡战胜场屋，讲求古人书法落笔超迈 ，士人称之。历任邑侯多异目相视，同治癸酉（1873）夏子松学使拔入城，均文誉藉甚，郡属名士咸与游焉，家居孝友，设帐授徒。游庠食饩者，成就多人。经理书院培养士子尤不辞瘁。光绪己卯（1879），领乡焉，庚辰（1880）赴试礼闱，赐进士，授某县知事，报其登门，则梁韩镇寿衣装包裹，停灵在堂矣。

梁韩镇平生性温和，喜与文人游，如县令罗孙云之婿明府侯少田，老夫子张华圃，孝廉刘德畬、蔡辅臣。不时文酒过从，相切劘云。著有《苍岩山房诗集》，集中《苍山十六景》为传世精品。

霍氏

霍氏，郝汉臣妻。汉臣，字君锡，天长镇东关村人，卒年二十四。霍氏上事舅姑，下扶两孤，尽瘁尽礼。长子铎，府学岁贡；次子钧，由县学入贡。皆母氏教诲之力也。霍氏生于康熙五年（1666），卒于雍正十三年（1735），寿七十一。乾隆四年（1739），奉旨旌表。坊建东关路南，携“心昭白日”字样。

贾凤来

贾凤来，清咸丰年间，因家庭困窘，背井离乡，从河北省武安县城二庄村来到原井陉县城关，在一家中药店当了切药工。贾凤来聪明伶俐，诚实好学，拜私塾先生卢至明为师，工余时间刻苦读书，学四书五经，且练就一笔好字。在卢先生的启发下，他钻研医术，攻读《本草纲目》等医学名著，尤通《伤寒论》。药店掌柜聘请他为“坐堂医生”，从此走上行医之路。光绪年间，药店经营不善，亏本倒闭。在卢先生支持下，贾凤来筹钱，买下药店，改名为“兴源堂”中药店。为使其业后继有人，他把四个儿子从老家接到井陉，安排老大、老二在药店学医，兼顾抓药、打杂；老三、老四到私塾读书。贾凤来广交名医，研讨医术，著书立说，写出《伤寒论注解》《病案》等数百万字，惜未付梓。贾凤来医德高，医术精，有求必应，有求必往，“兴源堂”中药店名声大振，远播四方。“起死回生”“妙手回春”“华佗再世”等荣誉牌匾几乎满堂。同时，他还培养徒弟十多人广传医德、医术，名声较大的有王悦、栾魁等。1924年，贾凤来积劳成疾病逝，终年67岁。

梁彦序

梁彦序，字秩轩。天长镇北关村人。自幼聪颖，师从张华圃老夫子，弱冠游庠，旋食廪饩，家学淹博，尤工于诗，其诗冲淡有味，近乎陶韦一派，品行高洁，见善心勇往为之，见不善则避之若浼。家境不甚丰富，唯以舌耕为业，而优游自得，处之泰然。清季，邑侯闻其名，甚教重之，聘任为皆山书院董事，成绩甚佳，光绪己卯（1879），与其父梁韩镇同赴京试，父子俱以文佳被取，按清制父子不得同榜齐中，及仅录其父，民国初任理财所长，喜作良缘，敬惜字纸，且素好佛，享寿六十有二，乡里称为“完人”。

吴郡三

吴郡三，字星阶，号湘甫，天长镇核桃园村人。其幼年勤奋好学，童试皆列前茅，入皆山书院，食廪米，文章常选为范文。后科第不名，始聚众讲学设馆。因其德才兼备，乡人多聘其任教。其教学兼育人，不拘泥于科举文字，而是根据学生性格爱好，教习历代中国传统优秀文化精品。他认为，经以致用，史以多识，文以载道。学生不习经、史、文，就是面壁而立的书呆子。于是他教育学生要专心致志在理解古文字上下功夫。他以为：“学者不明《说文解字》，就不能读三代两汉之书。”

吴郡三孝敬父母，尊敬兄长，在父母面前从不粗暴说话。他为人处世谦和平易，胸怀坦荡，表里如一，从不与人钩心斗角，盛气凌人，与人交谈，和蔼可亲，人们都愿意接近他。乡里有些重大事项都愿向他征求意见。士绅们常到他任教的学校请教商量事情。

吴郡三著有《湘甫诗文集》，惜未付印。近有梁三绵先生收集其文稿，由井陉县史志办编辑《湘甫诗文集》一册。

陈畴

陈畴，字锡九，号芸西，天长镇乏驴岭村人，清廪膳生。保定优级师范学校毕业，历充城、曲周、张家口、获鹿、本邑各高等小学堂教职十余年。又充本邑劝学所所长、宣讲所所长、日报社社长、岗头两级小学校校长。对于学校社会各教育鼓舞提倡，不遗余力。以长于文学，并工书法，故邑中近年匾额多出其手。阖邑榜其门曰“陉山雅望”，盖纪实也。生性倜傥，不拘小节。晚年恒以诗酒自娱。年五十九而卒。

霍济光

霍济光，天长镇城内村人，霍鹏后人。承学家传书法，能双手挥毫，书名尤著。济光四岁令识字学书，九岁书联，十岁抵上海拜师吴昌硕，并受教于胡朴安，复请教于黄宾虹、陈师曾、陈半丁、齐白石、王雪涛，得悟书画同源，知艺之道及读书养气之功。一生以书画施教为志业，宁静致远、

↑ 霍济光

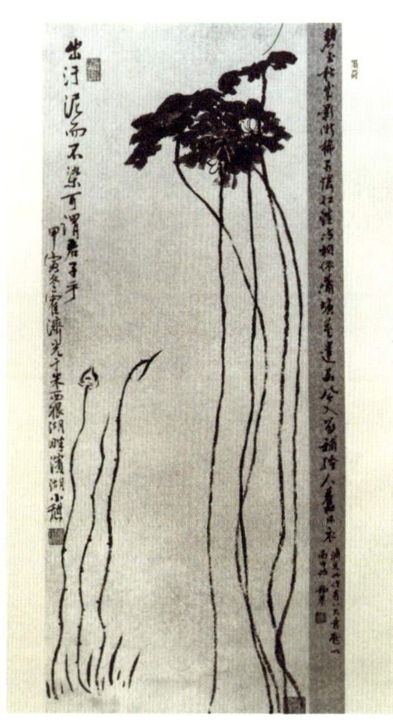

↑ 霍济光国画

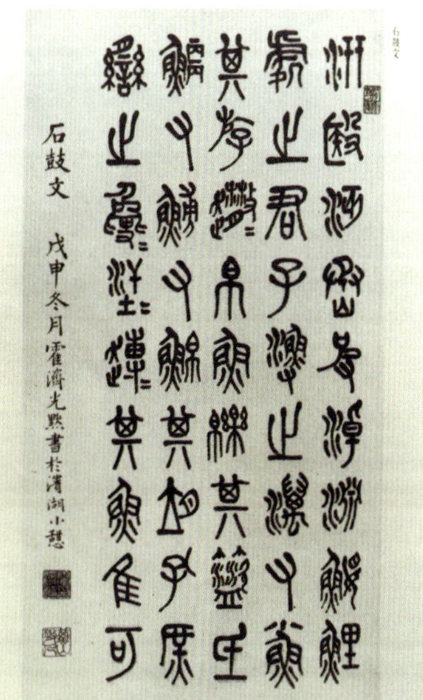

↑ 霍济光书法

笔力雄厚，无论钟鼎篆刻，均见功力，行草挥舞，远追怀素，卓然墨宝，鱼跃鸢飞，气势磅礴，誉满艺坛。

霍济光小时就读于井陉城内县立高级小学校，后到北京读中学，1929年从北大毕业，曾任北平大学副教授、冯玉祥办公室秘书、西南联大教授、党史编纂会编纂、河北省国民大会代表、《益世周刊》社长、台湾中国文化大学教授。

国民党统治集团逃台后，霍济光应邀赴欧出席国际会议，留欧宣扬中国文化，沟通中西文化，先后拜会梵蒂冈三位教宗：西班牙元首佛朗哥、法国总统戴高乐、联邦德国总理阿登纳。在马德里设办“中国学院”六年。

在美期间，济光先生曾任威斯康辛大学、康涅狄格大学教授，讲学于克利夫兰大学、西南大学、圣约翰大学、华美协进社、夏威夷大学及美国与加拿大多个文化艺术团体。于1977年赴芝加哥独立创办中国文化学院，宣扬中国文化。先后拜会艾森豪威尔总统、卡特总统、里根总统、布什总统。

他于1988年夏退休，西迁旧金山湾区圣塔克拉拉市，为居处取名“半亩园”。写字作画之余，接待访客，纵论古今中外，传播中华文化伦理不辍。曾以高龄访欧洲一次，回国两次。第一次是在1992年，在北京、石家庄举行书画展，展品及《四库全书》影印本120箱捐给河北省图书馆，河北省图书馆为其开辟“霍济光藏书室”和“霍济光书画展览室”，5月下旬，返乡祭祖，游苍岩山，在井陉县政协会议室为县旅游局书“仙台山”“石鼓寺”“甘陶湖”等字。

1997年10月返回故里，参加皆山书院庆典。

1998年1月逝世，享年93岁。临终遗嘱：将书画捐给河北省图书馆46箱，河北省博物馆10箱，出售半亩园等家产，设立霍济光奖学金，资助国内学文科的清寒子弟。

霍济光奖学金已于2003年开始发放，首届奖学金惠及北大、清华等11所大学110名学生。

霍云屏

霍云屏，天长镇东关村人，原名霍九荣。初在井陉县立城内高级小学读书，1926年，考入县立师范学校。1928年，县立师范学校解散，霍云屏随后考入山西国民进步学术团体，传看革命书刊，出版进步刊物。1933年1月，国民党以“危害民国”的罪名，将霍云屏等15名学运领袖抓捕入狱，判处8年徒刑。霍云屏在太原监狱受尽了非人的折磨。1935年冬，被转押到特务机关山西反省院，受尽了肉体和精神的折磨。1936年，绥东抗战开始，霍云屏等要求出院抗日，经过7天的绝食斗争，山西反省院才答应请示南京政府。在党的领导下，通过山西牺牲救国同盟会的活动和斗争，霍云屏于1937年5月被释出院。经牺盟会介绍，霍云屏参加了军政训练委员会，受训一月后，被分配到牺盟会秘书处工作。同年7月，全面抗战爆发后，霍云屏被派往牺盟会平定中心区委，进行战地动员，组织民众武装。日军入侵娘子关后，他带一支游击队，辗转至中阳、汾阳一带，加入中阳武装自卫队，活动于汾阳、交城、岢岚、兴县等地，从事宣传教育和民运工作，历任政治指导员、宣传科长。1940年，加入中国共产党。1942年，调山西保德新军教导大队训练处任政治教员。

1943年10月，霍云屏被选送延安抗大七分校学习，1944年10月毕业后，留校当教员，后又任抗大七分校宣教科长。1946年7月，调晋绥五分区任政治部宣教科长。同年12月，编入野战三纵队五旅，任政治部宣教科长，由朔县南下，活动于静乐、阳曲、晋中一带。1949年春，调第三军教导团任政治处第一副主任。

中华人民共和国成立以后，先后任第一野战军直属政治部宣教科长，西北军区后勤部政治部第一副部长、部长，兰州军区后勤部政治部副主任；1955年，授上校军衔，获三级独立自由勋章和三级解放勋章；1962年任中共中央西北局军事工作组组长；1969年，调兰州军区五七干校任政委、顾问；1978年离休，享受军级待遇。

贾桂成

贾桂成，天长镇北关村人。井陉县政协委员。从小热爱书画，家中贫穷，无力上学，地为纸，土为墨，天天练习书画，自学成才，成为井陉知名的书画家。1947年，响应党的号召，他与兄一同加入解放军，在部队英勇作战，大哥战死沙场，自己也受伤致残。1951年贾桂成退伍回家，致力于提高书画艺术。井陉县文化馆聘他为专职美术馆员。其间，走遍了井陉大地。他和刘成文、吕桐林、许力扬等制定了苍岩山、宋古城保护和开发宏伟蓝图。先后为石家庄群艺美术馆、市农业展览馆等布置展览。1982年，在他的倡导和策划下，成立井陉县工艺美术厂，又成立了井陉县工艺美术公司，他任工艺美术厂厂长兼工艺美术公司经理，开创了井陉工艺事业的先河。1986年10月逝世，享年56岁。

佛门高僧誉海外

密悟法师

现代僧人，俗姓霍，名履庸，天长镇人。霍鹏十六世孙。幼时家道中落，1920年华北大旱，北京佛教筹赈会及莲海法师来陉放赈，并在显圣寺收养难童。霍履庸也入收养之列，于显圣寺学习、听经。选入50名优秀者送北京种德堂善士学校学习，三年后入北京华英中学读高中。1924年拜现代名僧大勇法师为师，次年随大勇法师到四川康定安雀寺学习藏语及礼仪，并依该寺江巴喇嘛正式剃度出家，法号密悟。后任甘孜大金寺住持。1932年到拉萨哲蚌寺拜师学经，到1942年十年间学完藏传佛教五部大论，并接受寺中法师提答，旋在拉萨举行的祈法大会之佛教学位考试中，以优异成绩考中具有特殊荣誉的黄教最高学位——拉让巴格西之第七名，被称为“昂格”。故达赖喇嘛专宴密悟法师，并赠以镶金僧靴。并被藏人视为佛爷转世人物。1946年，法师返回成都，在四川文殊院、宝光寺、尧光寺等地讲授藏传佛教经典，在川名望很高。1949年，四川解放，法师到重庆谒见刘伯承，并受刘伯承之托，为西藏和平解放做了大量工作。1956年西藏自治区筹委会成立，法师任委员，并任西藏佛教协会副会长。1964年回到成都，在四川佛教协会工作。1966年圆寂。

莲海法师

现代僧人，俗姓单，名炬，天长镇人，早年经商并娶妻。22岁时弃家学佛。于井陉显圣寺受戒，之后到北京潭柘寺研学经律。潜心经典，领悟真谛。数年后游五台山、峨眉山诸佛教名山祖庭。先后任潜山县三祖山之三祖寺、三义庵、佛光寺、三谷寺、痘瘖庵、白云岩住持。后到北京佛教筹赈会任干事。1920年，华北五省大旱，井陉尤甚，莲海法师率人查灾至井陉，见邑内饥状乃发慈悲愿，返北京邀佛教筹赈会吴碧华、何一鸣等人及上海北方工赈会张声翔等来陉验灾并放赈，使邑内数万饥民赖以存活。法师另又收养难童550名，选其中优秀者50名，以全其材；送北京收养200名；其余300名由显圣寺教养所收养。法师见显圣寺破旧已久，乃设道场发愿重修，将殿宇神像修一新，旋又主持重修玉峰山、雪花山等寺庙，并在显圣寺设立井陉佛教分会，延请法师讲经开戒，使境内佛教为之一盛。1930年圆寂。

法舫法师

现代僧人，俗姓王，名智，井陉县南峪镇台头村人。1921年出家，后到北京法源寺依道阶大师受具足戒。1922年，太虚大师在武昌创办佛学院，梁启超任董事长，法舫入该院，从太虚大师学习佛法。太虚大师与章太炎等于1918年在沪创办佛教杂志《觉社丛刊》，翌年改为《海潮音》月刊。初，太虚任主编。《海潮音》月刊出版三十年未辍，其间法舫法师曾三度任《海潮音》主编。1925年法舫随太虚大师北朝五台，并随太虚应阎锡山之邀在晋省讲经。同年又随太虚出席在日本东京召开的“东亚佛教大会”，并考察日本佛教。1928年秋，法舫随太虚大师组团赴欧美，在美、英、法、德、荷、比等国讲佛学。法舫先后在柏林教理院、世界佛学苑图书馆任职。1941年，法舫法师赴印度、锡兰（今斯里兰卡）交流佛教。途经缅甸，留居缅甸年余，研习南传上座部佛教并讲经。1942年到印度，入国际大学学习，从事梵文、巴利文及英文研究。1946年转入锡兰，研究巴利文和各种佛教理论。1947年太虚大师圆寂，法舫回国，继太虚大师到浙江奉化溪口镇任雪窦寺住持。1949年受请到湖南长沙讲经。尔后到香港，先后五次开席讲经，在港颇得赞誉。1950年，法舫出席在锡兰召开的世界佛教徒友谊会大会，会后留居锡兰，在锡兰国立大学主讲中国佛教与大乘佛学。1951年圆寂。

↑ 法舫法师

红色印记耀古城

东门启化书局

东门启化书局曾是中共井陉党组织的地下联络站。1927年开设，党员自筹资金，由井陉县党组织的负责人赵玉祥安排冯玺祥、陈育三经营。店堂不大，设备简陋，而买卖却十分兴隆。工人、农民、学生、教师、商人，进进出出络绎不绝。书局通过业务，有计划、有目的地与教员、学生联系，向他们传播马克思主义，宣传革命思想。

启化书局也是党组织的秘密联络点，上下级接头就在书局。上级来的秘密文件和往来转发的文件，都是通过书局收发。

书局还是党组织活动的集合处，是党员们活动的落脚点。党员们下去发动群众，回来就住书局。有时党的会议也在这里召开，一张桌子，四面团团围定，几个人守着一副麻将牌，会议悄悄地进行。有人来时，麻将牌哗哗响，一派热闹模样。

书局又是党组织的宣传站，在这里不仅存放了大批革命书籍和进步刊物，而且党组织也在这里印刷传单、标语。一块钢板，一支刻笔，一块玻璃，一个滚子，一盏油灯，简陋的设备，把马克思主义的真理通过小小书局传遍四乡，送进千百万人的心中。

冀西民训处

冀西民训处，是中国共产党在井陉成立的抗日团体，全称为冀西民众训练特派员办事处。1937年7月7日，日本帝国主义发动了卢沟桥事变，叫嚣“三个月内灭亡中国”。中共中央于7月8日向全国发表了抗战宣言，要求全党、全军，深入敌后建立抗日根据地，广泛发动群众，开展游击战争。此时国民党河北省政府民政厅张荫梧任国民政府军事委员长保定行营民训处主任，为扩展势力，也以抗日为名，网罗社会名流及进步人士。当时中共党员、北平师范大学教授杨秀峰通过党内同志的引荐，到张荫梧处，任保定行营冀西民训处特派员，成立特派员办事处，即冀西民训处。杨秀峰取得合法身份后，立刻向组织汇报，请求支援。中共北方局刘少奇、彭真积极支持并派几十名干部协助工作。平津学生闻讯，多有慕名来投者。

1937年9月，日军迫近石家庄，周恩来、刘少奇等向杨秀峰转达了毛泽东同志的指示，要求杨秀峰利用冀西民训处之合法地位，发展八路军，建立武装政权，迅速打开冀西抗战局面。

北方局派出的干部大部分是学生，他们本想到保定开展工作，但行至井陉获悉战事紧张，随即停下来，住在由天长孔庙改成的学校中（当时为乡村师范附小）。

9月20日左右，北方局代表和平汉线省委直中特委在天长召开紧急会议商讨成立冀西民训处事宜。参会者有省委宣传部长兼直中特委书记李雪峰、省委组织部长兼保属特委书记刘秀峰及杨秀峰等人。10月4日，在天长乡村师范附小，杨秀峰特派员召开全体40余名人员会议，宣告冀西民训处正式成立。下设秘书处、组训部、武装部，吴砚农、岳一峰为正、副秘书长，李雪峰、赵德华为组训部正、副主任，刘思模、范锦标为武装部正、副主任。民训处成立后，立即派出五个工作团分赴各地开展工作，工作团的任务：一是与当地政府联系，动员群众参加抗日；二是督促各地政府加紧抗日动员工作；三是动员民众，组织地方武装，开展游击战争。工作团人员持有“国民政府军事委员长保定行营”关防护照，以利于工作开展。

派往横涧煤矿的有程式兰、田润之；派往井陉县的有徐达本、田骥。10月10日，日军占领石家庄，不久井陉也发现日本侦察骑兵，天长即刻陷入混乱，商店关门，人心惶惶，唯有民训处的同志异常镇定。杨秀峰、吴砚农等慷慨激昂地登台演讲抗日救国主张，动员群众和学生投入抗战，并派员到各乡镇动员群众。

当时井陉县长边树栋和公安局长弃城而逃，后终因无险可守寡不敌众，只好研究决定带部分保安一起撤离，10月12日夜间撤到娘子关。冀西民训处兵分两路分别进入晋察冀边区四分区和晋冀鲁豫边区太行区，发动群众开展游击战争，建立抗日根据地。1937年12月至1938年5月，六个县分别建立了抗日民主县政府，由冀西民训处委任的井陉（路南）县政府县长先后为李正芳、吴锡彤。进入晋察冀边区的同志分赴各县，经冀西民训处任命的井陉路北县政府县长先后有徐达本、孙雨培。

1938年11月，冀西地区成立了专员公署，徐达本任专员，翼西民训处职权则由专员公署所代替。

北方地区的抗日工作最初翼西民训处发挥了不可替代的作用，为民族抗战史留下了光辉的一页。而“井陉”（天长）作为冀西民训处历史的第一页，也给人们留下了深刻的印象。

解放天长

解放战争时期，人民解放军首克天长，对于孤立石家庄之敌军而攻打太原，夺取解放战争全面胜利有着重要的战略意义。

1947年4月16日晚，全城停电，一片漆黑。4月17日清晨五时许，三发信号弹腾空而起，顿时枪炮齐鸣，火光闪闪。旭日渐渐升起，解放军首先攻破了入城的大石桥防线。东关、北关一带发生了激烈的巷战。接着交易场、北关被攻破。国民党军队凭借东关地堡顽抗。上午九时，东关全部被解放军占领，国民党军队连续退到东门城楼及城墙顽抗。与此同时，绵蔓河以南的解放军向井陉南关火车站发起攻击。车站高地的炮台与河东塔炮台、雪花山炮台遥相呼应，相互增援。临近中午，车站碉堡起火，守军被烧死或俘虏各半。中午，解放军攻打雪花山炮台，一小时后攻克。解放军集中兵力用大炮猛轰天长古城，东门城楼城墙被炸缺一个大口，国民党政府大院及电台处同时飞落炮弹。当日下午四点，只听天崩地裂一声巨响，解放军用炸药包炸毁城东门。此时一阵狂风卷来，浓烟尘土和火光遮天蔽日，县里高小、县衙一带展开激烈的巷战。国民党军政要员直率残兵从西门狼狈逃窜。西门已用沙袋堵死，敌军纷纷跳城逃命。县长高庭选欲开枪自决，被部下救起，用绳系于城下逃跑，终被解放军俘获。傍晚时分，天长落下解放的帷幕。

1947年4月17日，是一个值得纪念的日子，人民解放翻身做了主人。当时有一首民歌是进城的宣传队员唱的：太阳红，月亮明，解放区穷人翻了身。实现耕者有其田，共产党是咱的大救星。

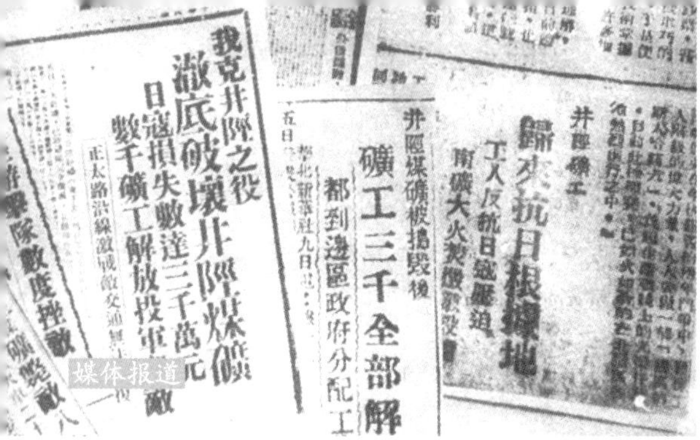

我克井陘之役
澈底破壞井陘煤礦
日寇損失數達三千萬元
數千礦工解放投軍殺敵

井陘礦工
歸來抗日根據地
工人反抗日寇壓迫

井陘煤礦被搗毀後
礦工三千全部解
都到邊區政府分配工

媒体报道

解放井陉——押解降兵

解放井陉城——奋勇登城

解放井陉城——爆破开城

解放井陉城——强渡绵蔓河

冲入天长内

解放天长的功臣——蔡维治

“十里不同风，百里不同俗”，民俗风情是中华民族在生活实践中创造出来的绚丽多姿的精神文化、乡土文化。这种地域性的文化标识，长久积淀，成为传统，又与时俱进，不断革新，从信仰到血脉，从认识到研究，从观赏到传承，无不对每个人、每个地方的群体产生着深刻影响。

↓ 竹马

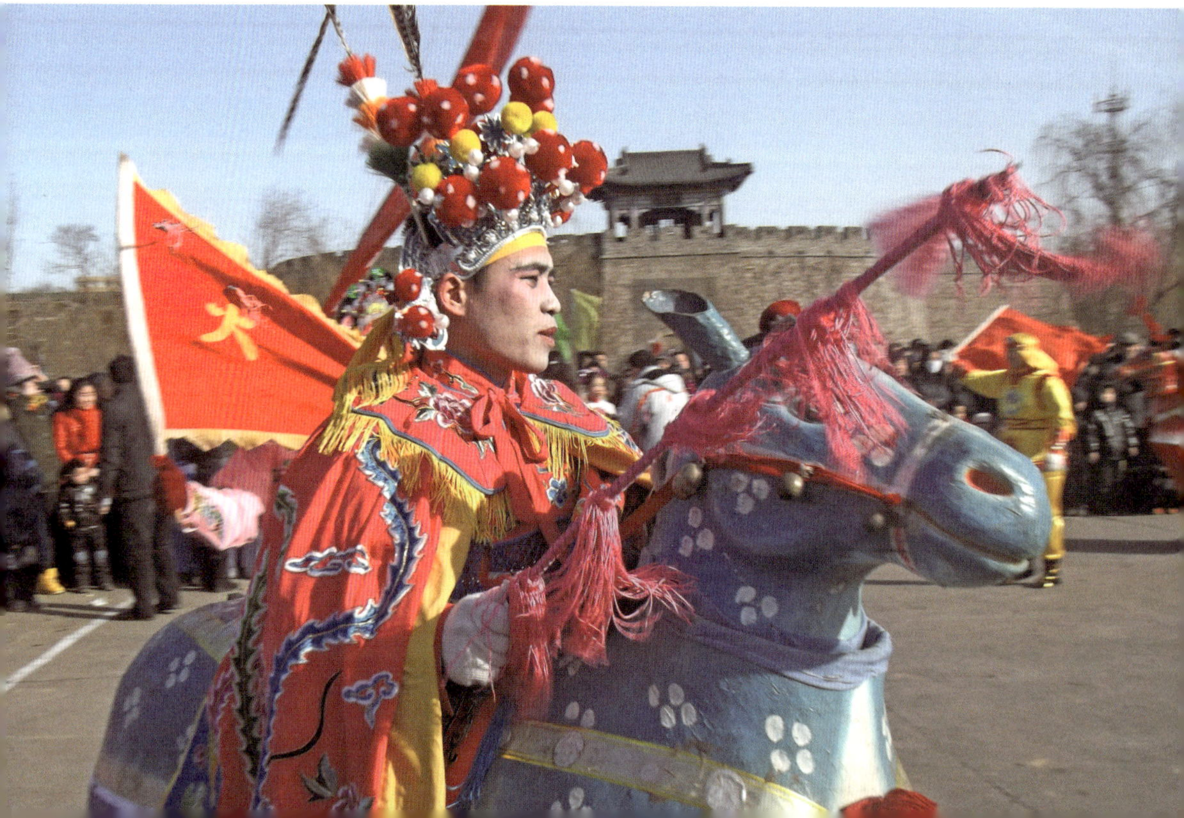

第五章 古风古韵 雅俗赏

↓ 井陉晋剧新秀小梅花

庙会花会多璀璨

西顶庙会

雪花山即西顶，山上有碧霞元君庙，建于明嘉靖十二年（1533）。西顶庙会，也是碧霞元君庙会。庙会的时间是农历四月十六、十七、十八，由在城庄组织，邀请临近的蔡庄、南关庄、东窑庄、白庙庄数十个村参加。遇丰收年景，还请县政府发请柬，特邀较远村镇的白脸社火与会。雪花山庙会会期一个月，届时人山人海，百技纷呈，客商云集，规模浩大，热闹非凡。

雪花山庙会是为祀神而起，其特点一曰神圣，二曰盛大，因此就有许多的讲究，即过会规章。

一是“会查”。起会前要进行三次“传锣会查”，即会首派人到各村敲锣通知。三月初一首次传锣，一个点，“噔——噔——”，其声舒缓，意为开始起会，各村准备；三月十五，二次传锣，两个点“噔噔——噔噔——”，示意庙会期近；四月初一，三次传锣，三个点，“噔噔噔——噔噔噔——”，锣声急促，示意会期在即，各村做好一切准备，要按时赴会朝顶。

二是“请驾”。每年庙会前一天，即四月十五，香头要带领八名轿夫抬着“驾”，鼓乐喧天，亲往山上顶香膜拜，“请神接驾”。所谓“驾”，是一顶八抬殿式敞轿，斗拱飞檐，雕刻精细，金（铜）顶黄帏，玲珑华丽，周嵌水银玻璃，檐角悬宝葫芦，丝穗飘拂，铎铃叮当。驾中供奉圣母走像（专供抬的像），驾前全副执事，龙虎八旗、肃静牌、回避牌、吊卦、万民伞。只听“隆隆隆”

三声铁炮响过，即刻起驾锣响，一时鼓乐齐鸣，驾起缓进，蹚过绵蔓河，经蔡庄，把“神驾”供于西关。

三是“演驾”，其意是为神演出的意思，亦即敬神，就是正式的过会了。“演驾”进行三天，十六、十七先后在蔡庄、南关庄沿村演出各一天，十八是正日子，在城街演出。“演驾”队伍的顺序排列是：最前面为颠杠，颠杠后为各种演唱及舞蹈节目，然后是社火，社火后是神驾前的执事、乐队，最后是神驾。“演驾”一般从上午八九点钟开始，十八日“演驾”上午九点钟从西门开始，向东经城街、东关、北关、河东、南关，最后到雪花山。

演出场地有固定地点，由西往东依次是：西门街观音阁前、霍都堂牌楼前、城隍庙前、明伦堂前、孔庙前、丁字街口、南门街牌楼前、旧衙门口、大堂前、皆山书院前、城壕口、许总兵牌楼前、

↓龟驮碑表演

交易场、盐店及聚兴隆门前、大栅栏口（北关街南头至崔府君庙共五处）、东巷子戏楼前、河东沟戏楼前，然后经南关、黄沟直奔雪花山大殿前。

各类节目依次边演出边行进，待至雪花山脚，已近黄昏，于是灯笼火把齐明，朝顶开始。先在圣像前焚香，一时锣鼓声、炮声响彻山谷。焚香已毕，稍事歇息，各种节目做最后大表演。抬杠在圣母殿前跑杠，节目登台表演，社火下全场。随后是跑阵，阵式有梅花阵、八卦阵、阴阳阵、五虎阵……变幻无穷，意谓“神灵捍卫，佑我黎民”。跑阵时“龟驮碑”特许进殿，在圣母走像前的大笸箩里蹲着团团拜舞，演员尽量摸取笸箩里的“油钱”（铜钱），装归己有。龟长寿，亦为圣物，装取油钱算是“神”的特赐。演驾结束，西顶的住持道人接“驾”，将圣母走像安置庙中。整个演驾过程中，鞭炮声声，香烟缭绕，通宵达旦，次日晨庙会方告结束。

西顶庙会也是井陉最大的物资交流大会。摊贩们见缝插针，随“势”挪移。商品以农具为多，杈把扫帚、笸箩、簸箕、木锨、镢子、口袋、镰刀、绳索、鞍具、大锄、滚盖、耧斗等应有尽有。牲口市也是天长最大的牲口市场。日用杂货、儿童玩具、妇女用品、粗布花布也极丰足。风味小吃有扒糕、凉粉、硬面卷子、水炒鸡蛋、细条拉面、豆面饸饹、多层火烧、油酥烧饼等，凉糕、粽子、炒面茶汤也抢时上市。糖人、面人、团扇、汗伞等也引人驻足。

玉峰山火神庙会

玉峰山火神庙会于每年农历三月廿一、廿二、廿三举行，由庙里的住持组织。

庙会时北关村有跑马、爬杆、上刀山等表演，广招观众。庙会既是善男信女烧香敬神许愿还愿的活动，更重要的还是盛大的集市贸易盛会。时值春天，青黄不接，粮食交易占比重很大，小米等杂粮成交量大。

↑ 玉峰山火神庙会

元宵花会

元宵花会，正会的日子为农历正月十五、十六、十七、十八。

元宵花会由在城庄组织，过去城内一直称为在城，包括在城、东关、西关、北关、河西、黄沟、河东、贡家庄、三水滋等多个村子。在城庄又一分为四，成为四路：东路河东，西路在城，南路东关，北路北关。每年的元宵花会就由四路会首轮流为首承办。

↑ 高跷表演

花会在春节之前就开始筹备，各村预先演练节目。除本庄外，还邀请周围村庄参加演出。

花会从正月十六早晨开始。一大早，周围几十里的男男女女穿戴得鲜鲜艳艳，成群结伴涌到城内、东关、北关各街巷。各村的节目都先到大石桥西桥头戏楼前或北关崔府君庙前集中，随到随演。

↑ 元宵会上的拉花卖绒线

↑ 秧歌表演

演出由东往西，经北关、东关，城内旧衙门前，到城隍庙结束。节目丰富多彩，除如今已是享誉全国的井陉拉花外，还有太平车、跑竹马、踩高跷、跑旱船、二鬼抱跌、渔家乐、红脸社火、担歌、挑歌、秧歌等。演出持续到日落。

十七日、十八日，各村、各庄节目继续会演。

十五日的晚上一般有“舞狮子”“耍龙灯”“耍流星”，烟腾雾绕，灯火闪烁，鼓乐齐鸣，神妙无比，引来周围几十里以内的观众，挤得人山人海。

过元宵，戏是不可少的。十五到十七北关唱三天，十八城隍庙起戏，唱四天。

↓ 等待看社火的乡亲们

元宵节还有灯会。俗话说："十四圆灯，十五散蜡，十六逛灯，十七黑火山，十八点老杆。"圆灯就是试灯，十四晚上，家家户户要把自己制作的各式各样的花灯在门前试点。十五、十六晚上是正式挂灯的日子。散蜡，是十五晚上挂出花灯后，还要在村庄的各处路边道口墙头点起蜡烛，使村庄街道灯火辉煌。因十五晚上有跑龙灯等演出，所以十六晚上才是人们逛花灯的最佳时机。十七黑火山就是灯会结束。十八点老杆就是放火。

十八的放烟火通常在北关马场园和城内城隍庙对面举办，经费来自善男信女捐的香火钱。一进腊月，就开始请人制造烟火。制作烟火的师傅都要斋戒。旧时的烟火当然比不上今天的烟火异彩纷呈，"声势"浩大，但也种类繁多，时有杰作，令人眼花缭乱，啧啧称奇。放烟火的压轴戏是"点老杆"。立一高杆，各种烟火串接其上，点燃引线，由此引彼，由彼及此，那烟火一时如一窝火猴似的吱吱叫跳（称"一窝猴"），最后一只仙鹤飘飘然而出，生出一个光闪闪的蛋来，叫"仙鹤透（生）蛋"。放焰火结束也意味着一年一度的春节、元宵节娱乐结束，宣告一年的劳动生产又要开始，儿童们又要到学校读书。于是有了"仙鹤透蛋，学生入圈"的俗语。

↑ 老杆火：仙鹤透蛋

走进正月水彩画（画家 杨沛）

晋剧表演

花脸社火

大鼓表演

城壕街灯夜

元宵节黄河阵夜景

节日习俗有特点

小填仓和老填仓

正月二十日、二十五日分别为“小填仓”和“老填仓”日，家家户户要在自己家的坛坛罐罐里放酒和添一些谷麦食品，以寄托农家年年“麦满堆，囤里满”的良好愿望。

龙抬头

二月初二称为龙抬头，出于龙能习雨之意，认为此日雨水开始增多。故有谚云“二月二，龙抬头，大仓满，小仓流”。这一天，各家饮食不尽相同，吃面条叫挑龙须，吃鸡蛋叫煮龙蛋，吃烙饼叫吃龙鳞，吃米面油茶叫炒龙髓。

敬谷神

六月六敬谷神，北关种谷较多。如果得到老天关照，春节雨水早，往往到了农历六月初六谷就出了穗。所以当地农民每到六月六望到自己地里一片片金黄的谷穗，心里就乐开了花。农历这一天蒸馍、蒸豆包，感谢上苍赐给人们粮食。现有晒衣服、看谷秀、请姑姑之俗。谚云“六月六，看谷秀，家家户户要吃肉”。

七巧节

七夕亦称七巧节，传说牛郎织女七月初七晚在天河相会，故谓之“七夕”。旧时，多有妇女陈瓜果于庭，敬奉牛郎织女，以向织女求智巧，故又称“乞巧节”。是日，喜鹊都去天河，为牛郎织女搭桥。本地有葫芦架下听牛郎织女爱情故事的习俗。

重阳节

九月初九重阳节，秋高气爽，古有赏菊登高遗风，民间有“九月九，喝烧酒”，亲友相邀庆祝之俗。现为中国老年节，尊老、敬老遂成风气。

寒衣节

十月初一为祭祖节，又称寒衣节。是日，家家上坟祭先祖，送寒衣，寒衣由五色纸夹絮棉糊制或缝制而成，现多持冥币、纸元宝与各色供品。上坟须在午饭前兄弟姐妹同去，不得在祖坟前烧二次纸。尔后为先人墓丘培土，以示敬悼。

冬至

冬至是数九的开始。此日，午饭有吃糕之俗。冬天气候寒冷，为了抵御严寒，人们需要补充有营养的食物，故有“冬至不吃糕，死下一旮旯”之说法。

腊八节

农历十二月称腊月，腊月初八谓腊八节，民间有喝粥习俗。相传这一日为佛教创始人释迦牟尼的成道日。故熬腊八粥也从佛门拓展到民间，本地习俗为将黄米、红薯、老倭瓜、红枣、豆类等熬制成粥状，谓之“糜”。民间传有“腊八不吃糜，死了没人

↑ 供奉城墙老祖

埋”的民谣。

送灶君日

腊月二十三为送灶君日。旧有“糖瓜祭灶”之俗，所谓糖瓜，即专门做成的瓜形麻糖。“敬灶”前先在火上炒熟黄豆，继将糖瓜放入，使其与熟豆融为一块，分而剬之，即为“祭灶糖”。是日晚，家家点香火，供糖瓜于灶君前。灶君两旁贴对联“上天言好事，回家报平安”，意在用糖瓜糊住灶君口，莫在玉帝面前汇报人间丢米撒面罪状。人谓“腊月二十三，灶王爷爷上了天”，从此日即拉开了春节的帷幕。

城墙神位

供奉城墙神位是天长特有的习俗崇拜，城墙老祖庙在古城墙外东北角城壕街边，老百姓也会供在家里，祈求家宅平安。

民间礼仪传世久

喜庆礼仪

盈月之喜，婴儿出生满月，开宴作庆，俗称祝满月，也有四十天、两满月、一百天祝庆者，一般头生祝贺，二胎以后不再祝贺。

婴儿至来岁叫“祝生日”，家人喜祝，亲朋来贺。庆宴前，主人铺毯于中堂，置瓜果、食品、玩具、书籍、算盘、刀剪之物于其上，放周岁婴儿于其间，观其先拾何物，以测孩子爱好及未来事业。

↑ 现在过生日多是吃蛋糕

寿诞之喜，亦叫祝寿，一般年近花甲始祝，旧时富者在生日前有下请帖祝寿之俗，凡来者赠送寿桃、寿糕点及书画、寿帐等。时下流行直系亲属为长辈祝寿。

乔迁之喜，凡民间新建住宅，迁居前先清扫整理一新，然后择吉日，张贴对联，备足烟酒菜肴，邀客来贺，俗称“暖房”。

竣工和开业典礼，自古沿袭，如新房竣工、商贸店铺开张，均择吉日张红挂彩，燃放爆竹，剪彩请客，以志纪念。

婚姻大礼

婚姻乃人生大事，民间自古礼仪繁杂。虽贫富不同，但常规礼节约定俗成，世代沿袭。旧式婚姻程序遵循“六礼”进行。

↑ 婚俗之插花馍馍

↑ 婚俗之儿女双全

↑ 婚俗之花开富贵、吉祥平安

议婚，由媒人物色相配男女，从中撺掇。

下帖，也是“换庚帖”。先由家长询问对方子女年龄、生辰、命相、五行、八字相合与否，如相合后交换男女庚帖。

下彩，双方议定彩礼，由男方长辈偕同媒人持彩礼单与彩礼到女方家拜走，女方家设宴待客。彩礼轻重不一。

递期，俗称“定日期”。下彩后男女双方选择儿女完婚吉日。

迎亲，俗称“娶媳妇”。男方迎亲时新郎骑马，新娘坐花轿，选与新娘属相不悖的男童一名，同坐轿内，俗称“压轿孩”。富家有时同备三轿，娶女客和送女客同坐轿内，前往娶亲时有鼓乐吹奏。此日，新郎有“偷拿”岳父家东西的风俗，女家不能阻拦。娶亲返回，大门前落轿，燃放鞭炮，新娘下轿脚不沾地，须由他人抱新妇至洞房，下午举行拜堂仪式。

拜堂。旧式婚姻在天地爷神堂前设桌，上置红纸方斗一只，写“满斗焚香”四字，插彩旗十二面，弓箭一套；

新郎戴礼帽，插金花，长袍马褂，披红挂绿；新娘戴凤冠，披霞帔，束玉带；司仪唱礼，鸣炮奏乐，新人先对天地下拜，而后拜高堂，夫妻交拜，拜亲友，俗称“四双八拜”。

拜堂毕，新人手牵同心结入洞房。新婚之夜，民间有闹洞房、逗媳妇、听房的习俗。洞房内要提前摆上红枣、花生、桂圆、莲子和插花馍馍、黏糕等吉庆之物。亲朋好友出节目，逗媳妇至深夜。这天新娘娘家人则来送饭道喜。

谢婚为迎亲的次日或第三日，新娘新郎去女方家参加谢婚仪式，席间由女方长者向新郎介绍女方亲友，名曰“认亲”。

↑ 婚俗之敬茶，孝敬老人

↑ 婚俗之撒黏糕

↑ 婚俗之早生贵子

丧葬殡仪

北关流行土葬，选择阴宅基地砖石券洞为穴，入葬后起丘成坟。人死后，传统丧葬须由装裹、入棺、守灵、入殓、出殡等仪式组成。

装裹，人断气后，停放于门板之上，为死者换装，一般为三、五、七件，置“口含钱”于嘴，挂寿纸于门前，即向村邻报丧，左邻右舍上门帮忙治丧。

守灵，装裹死者后，孝子应设灵堂守孝，灵堂多设于正堂主房，布置花圈挽幛、金山银山、雪柳花束，供彩牌位、香烛烟火，孝子轮番于灵柩前日夜守灵。停柩末日，多行“上饭”大礼，以尽孝道。守灵一般三、五、七天不等。

入棺，入殓前，孝子及死者亲友拜祭，行入棺仪式，遗体入棺，儿女要铺褥盖被，有“铺儿盖女”之说，并撒五谷于棺内。

入殓，俗称合盖，先由死者亲属及生前好友瞻仰遗容，续而子女用新棉花蘸酒为死者净脸，再将死者生前喜爱的物件殓入棺内，征求亲友意见后即行钉棺。合棺前孝子忌哭，意在不使亡灵负泪（累）而去。钉斧响，孝子大哭，示绝别大哀。

出殡，俗称“发丧”，一般午饭后由司殡人指挥，鼓乐爆竹开道，神主引轿前行，全家孝眷披麻戴孝，八人、十二人抬棺不等，所经街巷、路口间有亲友设供路祭，直至送灵出村。灵柩进坟，封土起丘后，再行葬礼，所祭典的纸扎、供香一并焚烧。

↑ 面塑祭品

服三、祝七、祝周年，出殡后三日上坟祭奠，谓“服三”。从死者逝世日起每七日为一七，逢七上坟祭奠一次，谓祝七，“七七”终了叫“尽七”。是日，亲友同去坟茔烧纸供奉，中午由主家宴请。死者周年至，谓“死祭日”，直系子女应上坟祭悼，年年如此，叫“祝周年”。也有三周年后祭日不用上坟的说法。

民间工艺绘吉祥

剪纸

天长镇的剪纸风格粗犷、淳朴，表现手法简练、夸张，生活气息浓郁，具有鲜明的地方特色，受到国内外游客的赞赏，被日本、新加坡、美国、澳大利亚等国游客收藏。新秀高秀娜、尹俊月等人的作品多次被报刊采用，参赛获奖。

作品主要有：《貂蝉拜月》《麻姑献寿》《黛玉葬花》《楼台相会》《奇虎登山》《鱼跃龙门》《老鼠娶亲图》《十二生肖图》《苍山美景》《喜鹊报春》等。

↑ 民间剪纸

泥塑

泥塑工艺在北关历史悠久，世代传承，早在清末就誉满燕晋大地。北关村于登云出身泥塑世家，有深厚的书画功底。泥塑神像，惟妙惟肖，形象逼真。雪花山碧霞元君、玉峰山火神大帝、显圣寺四大天王、石桥头东岳大帝，活脱活现的形象至今还传为美谈。其子于生元承其祖上，艺法更加精湛。泥塑、绘画，足迹遍及石家庄、太原、阳泉大地。其孙于文英，先后在大台山、雪花山、娘子关、于家村、南张村、东柏山等地因塑神像留下美名。

北关泥塑艺人以张梦三为代表的新人，先后到河北省美术学院进修，毕业后到赵县柏林寺、平山天桂山、井陉仙台山塑像，其作品深受当地群众喜爱。

树皮画

原井陉县工艺美术厂厂长贾桂成独创，用树皮、吹塑纸制作四扇屏中堂。以北关为中心，辐射全县，畅销县内外。

根雕

北关李国唐根据树根形状加工雕刻人物、动物，形神兼备，栩栩如生，受到世人好评。

↑ 镇河石吼

镇河石吼

又名狮吼，安放在天长镇东关小南门外，系辽金风格的直立石狮，在康熙元年新建香坛阁时，移在第二阁洞外。民国重修第三层阁时，又向洞外移放。此吼高约120厘米，宽约58厘米，整体呈蹲卧状，据说它的功能除“镇河妖”外，还能预言洪水。当洪水要来之时，狮口就流血。作为镇村、镇河之吉祥物，给人们带来平安。

吼，就是猛兽大声吼叫，声音宏大，可在远处清晰地听到，妖魔鬼怪听到后就不敢来扰乱。小南门外的石吼保存了四百多年，见证了历史的沧桑，始终守候着保护着人们，人们视其为吉祥之物。

民间艺术放异彩

城内拉花

城内拉花是井陉拉花的重要组成部分，明显有庄旺拉花的痕迹，但其自身特点更为显著，其动作吸收了其他姐妹艺术的精华，经历代艺人加工，动作刚劲有力，舞姿亦庄亦谐，节奏分明，动作明快。

↑ 庄旺拉花

传说在隋末唐初，大将罗成破孟州时施一计谋，命将士们乔装打扮成货郎和卖艺人混进城中，然后里应外合攻下城池。后经艺人将此内容改编进拉花表演中，沿传后世。传统的城内拉花有九人

↓ 拉花表演现场

↑ 井陉晋剧老照片

↑ 井陉晋剧新秀小梅花

↑ 焰火

表演，角色分别为货郎、傻相公、丑婆、两个少妇、两个姑娘、两个男青年，表演以丑婆、傻相公为主，充满嬉戏、挑逗、玩闹的活泼气氛。

晋剧

晋剧又叫山西梆子，源于山西蒲州。清道光、咸丰年间盛行于晋中地区，后又流入井陉天长地区。天长是井陉晋剧的发祥地，20世纪50年代初，晋剧名家丁果仙、牛桂英、冀美莲、李玉环、一声雷纷纷到天长演出，把天长晋剧推向一个新的高潮，井陉晋剧团应运而生，在此蓬勃发展。

焰火

当地叫作“放（焰）火”。正月里特有的仪式。一般在元宵节期间，特别是正月十五、十六。天长的焰火形式多样，放焰火一般都有专职的老师傅来操作，整个仪式的“火”都是人工配比制作的，一般需要一个腊月，安装工序也很繁杂，但总体安全系数很高。天长的放火师傅是南张井的，他一般放完城里的再回去放村里的，村里的一般到了正月十九才放，就是最出名的南张井老虎火。另外还有一种特殊的形式，就是打铁火，也叫打树花，核桃园打树花也非常绚丽多彩。南张井老虎火和核桃园打树花分别被列为国家级和省级非物质文化遗产。

↑ 老虎火

↑ 核桃园打树花

皇纲

“皇纲”也称皇杠、颠杠，是古城会主要节目之一。它以再现古代帝王皇家之气势而闻名遐迩。杠为古代的一种运输工具，其组成的队伍为纲。一盘纲由杠杆、箱架箱、箱环、箱铃等六部分组成，其重量一般在50公斤左右。演出时36杠或48杠排列成队，“马子”（演员）赤膊上阵开路，开路之后即是颠杠，古城会时表演，各种队形穿插变化，“穿十字”“走连环”“掏剪子股”等。演员除“颠杠”外，还施展“换杠”“驮杠”“顶杠”等高难度技

↑ 抬皇纲

巧。颠动时，箱环拍击箱子发出有节奏的声响和奏乐，形成了一种粗犷豪放的艺术效果，整个场景蔚为壮观。

↑ 火流星

火流星

北关特有的节目，一条绳子两头拴着火球（用木炭火装在小铁笼里）上下、左右、前后摆动，霞光四射，样子多变，令人眼花缭乱。有面花（前面耍）、顶花（头顶上耍）、背花（背后耍）、滚花之分。

龙灯

龙灯从龙头到龙尾长有十多米、精饰彩绘，两条长龙在两个绣球引导带领下，协调动作，上下翻腾，穿插旋转。布列出长蛇阵、四门阵、八门阵、三碰头、二龙出水、八宝阵、拉木断、踩河沿、牛羊盖和凤凰双展翅等阵法。整个表演灯光辉煌，龙体滚动，喷烟吐火，精彩纷呈。

↑ 狮舞

狮舞

狮子表演时，由两人前后配合，前者执道具戴在头上扮演狮头，后者俯身双手抓住前者腰部扮演狮身，两人合作扮成一只大狮子，称太狮；另由一个人头戴狮头面具、身披狮皮扮演的小狮子，称少狮。手持绣球逗引狮子的人称引狮郎，引狮郎在整个舞狮活动中起着主导作用。他不但要有英雄气概，还要有良好的武功，能表演“前空翻过狮子”“后空翻上高桌”“云里翻下梅花桩”等动作。引狮郎与狮子默契配合，展示“耍长登”“梅花桩”“跳桩”“隔桩跳”“独立单桩跳”“空前翻二级下桩”“后空翻下桩”等技巧，气势壮观，娇憨可爱。

↑ 童狮

姥娘送外甥

“姥娘送外甥”始创于清朝末年，据说是人们在正月出会困难的情况下，急中生智，创出的一出花会。主要道具为一头假驴。骑驴的是男扮女装的大闺女，打扮得花枝招展，美丽动人，常被观众误认为是女子所扮；牵驴的是丑扮憨傻的弟弟；驴后紧跟的是她姥娘（外祖母），为丑婆打扮，多在耳上挂红辣椒，腋下夹一破包袱；而后便是她姥爷，身穿长袍，头戴礼帽，眼挂墨镜，一手提鸟笼一手提文明棍。四人组成一队，队外还有一个和尚装束的男子（或二流子），五人登台，以顺口溜、快板形式见景生情，现编现演，风趣可笑。

↑ 小狮子

姥娘送外甥的乐器，都是打击乐，如锣、鼓、镲等，演出主要是场地表演，乐队站立一旁伴奏，演员随着鼓点唱扭。

北关太平车

太平车是流传于天长地区的一种花会表演艺术，具有浓郁的地方色彩和生活气息。其表演内容为夫妻二人用车送客路上所经历的事情。

太平车由多人表演，一人推车，由老生扮演；一人坐车，为青衣扮演；一人扶车，为小生扮演；二人拉车，为小旦扮演。表演动作为扭、摆、拉、推、疾行、慢走、上坡、下坡，表演诙谐风趣，舒展流利，节奏鲜明。

太平车的伴奏以二胡、笛子、笙、十样镜（音锣）为主，演出的内容有《送情郎》《闹元宵》《回娘家》等歌颂太平盛世的情节。

北关白脸社火

社火分为红脸社火和白脸社火。红脸社火以传统戏曲化装演

↓ 北关白脸社火

出，为架子社火。白脸社火不化装，表演的是武术。

北关多表演白脸社火，起源于清同治年间，由平山杜师父传授，班主为单宰贤，先从十八路弹腿学起，然后教拳术，拳术包括形意、太极、八卦、少林、螳螂；棍术包括二龙头、不见天、阴魂棍、勺子棍；还有百枪术、剑术、刀术等。刀、枪、剑、戟、棍相互穿插，形成对打形式，如白手夺刀、白手夺枪、小刀破枪、大刀挺枪、棍打三节鞭、枪打三节鞭、双枪对打等。

↑ 红脸社火

↑ 红脸社火

白脸社火与红脸社火武打不同，要打得真实，打到要害处，互不相让。当地有“北关社火鸡打架”之说， 有时还打得头破血流。加上打击乐伴奏，更加热闹非凡。

灯官

元宵节当天由两个轿夫抬灯官于竹竿上。四个衙役，一个报官，负责检查元宵节是否灯亮或有不安全的情况，当场给予处罚，并令负责人立即改正。平日如有不能解决或不愉快的事，拦灯官于大街口。报官将情况报于灯官，因正月十五元宵节日，无人敢违抗，大小事均能化无。整个表演妙趣横生。

东关渔家乐

万历二十四年（1596）南方艺人带十样镜一件来霍都堂府教授，万历二十九年（1601），置备行头、修改词句，除十样镜一件另加四股弦胡、笛子、箫、小手锣，服饰也加以更新，初步形成井陉当地风情的地方小艺——渔家乐，但未有定名。

1911年辛亥革命，推翻清政府。井陉城关东关大街各商家，以霍家缸房（字号集成永）为先头，东厚祥、福庆和、任泰公等老字号掌柜摆格食（请客人喝酒）议事，重整行头，添置道具，把多年失落的艺术门类张罗起来，正式命名——东关渔家乐。

东关渔家乐一般由领头人手拿令旗指挥队伍前进，另外还有乐团等人员参与演出。舞蹈演员均为男童，扮儿媳二人、女儿二人、儿子二人、孙子二人、老渔翁一人。儿媳肩挑圆形花篮，上插绢花，头戴网纱椭圆白粉色空心帽，假长发，上穿绿彩绸衣，下穿绿绸裤，手拿圆形彩扇。随后是女儿肩挑六棱花瓶，次后是儿子担

↓东关渔家乐

担，担子两边是花盆，插绢花，盆中悬吊金色鲤鱼各一条，孙子跟随，身背大金色鲤鱼一条。最后是老渔翁。脸谱按戏剧扮演角色化妆，腰间按辈分扎不同颜色的绸子。东关渔家乐队伍华而不浮、美不胜收。

↑ 东关渔家乐

藤牌打虎

藤牌阵是我国北方仅存的一种源于商代的兵法实战技术，它是在战争中使用的一种攻守兼备的技击阵法，又是一种自成体系的民间传统节目。藤牌是一种古代战争中使用的防御性武器。它由藤条（山荆条）编制而成，用牛筋穿起来，此原料要反复在桐油中浸泡、晾晒几次，编成后外罩牛皮，其上绘虎头。用这种装备的士兵可以有效防身和进攻。经过漫长的冷兵器实战的岁月，遂形成了一种特有的阵法。吴家垴“藤牌打虎”明代传入，已经将藤牌阵演变为一种集武术、娱乐、表演为一体的“社火”类节目。

藤牌打虎，可以多人对打，也可以按阵法轮番打斗，其场面火爆热烈，震撼人心。吴家垴藤牌打虎，一般十五人分为三组，五人身披虎皮持藤牌，五人拿火棍，五人持火枪。对打中前滚后翻、跳跃、按布阵跑跳带打，伴以大鼓、锣、镲，烘托气氛。打斗时根据场地灵活部署，调整队伍，阵法变幻无穷，流传至今的常见阵法有“一字长蛇阵”“双龙戏水阵”“三木定穴阵”“四门兜底阵”“五虎靠山阵”“梅花五方阵”“八卦连环阵”“八门穿心阵”“九锁连环阵”“十面埋伏阵”等，依阵法调整变化。火枪有

↑ 藤牌打虎

时单放，有时五枪齐鸣，震耳欲聋，烟火缭绕，场面异常热闹。

同其他“社火”节目一样，藤牌打虎也穿插历史故事，借以叙藤牌打虎的渊源。据传三国后期，诸葛亮为保后主刘禅，率兵南征，深入不毛之地，平息雍闿、孟获的扰乱。途中遇一伙水贼化装为老虎，头顶藤牌作战，英勇无比，挡住去路。诸葛亮摆出了“九锁连环阵”等种种阵法使水贼陷入阵中，然后取火攻，烧敌于阵中，打通了南征之路，这才有了之后“七擒孟获”的故事。

“藤牌打虎”作为天长镇的一项非物质文化遗产，是繁荣城乡文化生活的一道亮丽风景线，不仅传承了古代军事、兵法战术，蕴含了中华民族不畏强暴的民族精神，还锻炼了人们的体魄。其阵法和技艺不断完善、发展和创新，并不断被赋予新的内容和形式，无

↓ 藤牌打虎

论对研究古代军事还是现在的精神文明，都具有重要价值。

京剧

天长历史悠久，文化灿烂，晋剧、丝弦、河北梆子等剧种广为流传，京剧在天长享有盛誉。20世纪30年代末，古城政府官员、当地驻军、学校师生等以京剧自乐，影响了当地居民。以北关许英修、贾林，城内霍春发为首的一批人成立了第一个井陉业余京剧团。在抗日战争胜利纪念日等重大节日，先后到东关大操场演出《失空斩》《甘露寺》《法门寺》等，深受广大观众的喜爱。

↑ 京剧剧照

20世纪50年代初，京剧名家奚啸伯、郑玉华、唐佩文到天长演出，轰动一时，在县文化馆支持下，业余京剧团恢复演出，天长京剧又出现了一个新高潮。“文革”期间古装剧被迫停演，先后排演《沙家浜》《红灯记》等。

2000年2月，北关许世禄、东关郝正绪等人自发成立了京剧爱好者协会，并邀请3502厂、3514厂、尼龙厂、6410厂到天长联合演出，继而成立“井陉县京剧协会”。

民间故事有渊源

大头和尚戏柳翠

很早以前，深山里有座古寺，寺庙内长着一棵郁郁葱葱的大柳树。这柳树经一千多年的修炼，变成了一个俊俏的大姑娘，取名柳翠。她偷偷地爱上了庙里的一个大头小和尚。一天，庙里只有小和尚一人看家，柳翠便装作前来进香，挑逗小和尚，使他忘了佛门戒律，与柳翠尽情地玩耍、打闹起来。这时，有个樵夫打柴正好路过此地，听见庙内有女子笑声，感到奇怪。扒在墙头上一看，原来小和尚竟和大姑娘在一起打情骂俏，忍不住大笑，双手一松，掉下墙头。他回家之后，当作笑话讲给众人听。有个社火头儿听了此事，

↓ 北关高跷大头和尚戏柳翠

觉得有趣，过春节时，编成社火演了起来。男女老少都爱看。从此，“大头和尚戏柳翠”就流传开了。

该舞由两人表演。男角戴“大头和尚”面具，着青布长衫，手持木鱼，颈后衣领内插一把折扇；女角（传统习惯为男扮女装）云头压鬓，斜插鲜花，身着彩旦服，手持手帕。二人均脚踩高跷。表演内容取材于城乡流传的民间故事《大头和尚戏柳翠》。舞蹈表现了小和尚与柳翠从初识到相好这一段情节，幽默风趣，浪漫色彩浓厚，加上扭、摇、追、逗等技巧动作，别具风韵。

玉峰山的连翘

绵蔓河畔，有座玉峰山。这玉峰山上接苍天，人在山底下仰起脖儿看不着尖儿；下临绵蔓河，绵蔓河流过山下时，河水打着旋

↓ 井陉连翘

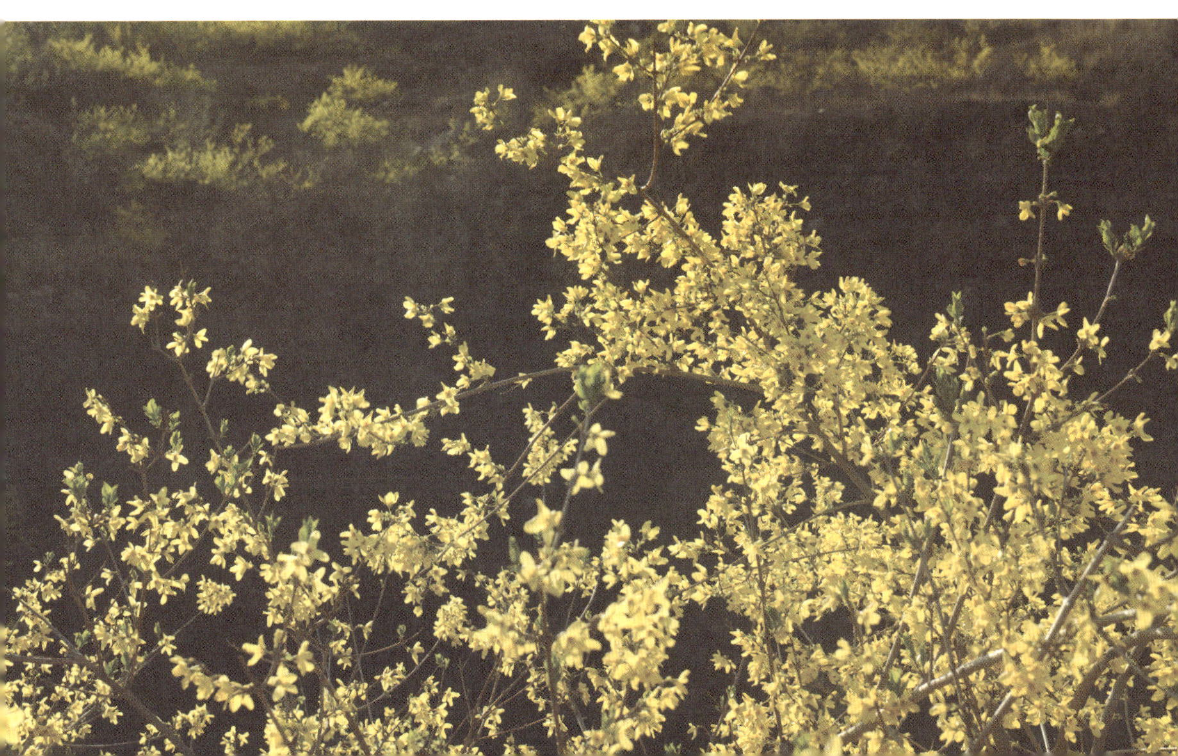

儿，深不见底。

相传，明代嘉靖年间，玉峰山临河的悬崖陡壁上生长出连翘。连翘可是一种宝物，它的叶子蒸煮制茶，有一种独特馨香的味道。这件事传到了皇上的耳朵里，皇上一心想要这好茶，便下圣旨，要这一带的百姓年年采摘，岁岁进贡。这圣旨下来，苦了这里的百姓。可皇上圣旨违抗不得呀，抗旨不缴要蹲大狱，哪还有百姓的命在！他们只好豁出命来，拿上绳子来到玉峰山，从山顶上把人吊到半山腰，采摘连翘叶。

这一天，南井沟村一个老农，倒吊在崖上采摘连翘叶。不想，年老之人，头晕眼花，再加上胆战心惊，失足跌落到崖下，立时就丧命了。这死者姓任，名叫百万。当时，南正村有位名叫武金的人，在朝廷做官，为人正直，常替百姓解忧排难。这次，武金从朝廷回乡看望家人，听说了这事。于是，武金一边亲自到县衙叫县令不要难为百姓，一边又安抚邻近采茶的百姓。不久，武金就急急忙忙返京了。到京城后，他在朝堂上愤愤不平地对满朝文武说：“井陉人为圣旨所逼，给圣上采茶，把命都搭上了，前些日子摔死了任百万。圣上只管自己一人享受，可害得老百姓送命，老百姓还能过得下去吗？”他说着，向满朝文武打了一拱：“我想请各位一起上书皇上，给百姓们请命，叫皇上免了这玩命害人的差事。”金銮殿上一半儿官员把“任百万”误听为“人百万”，不禁感到吃惊，更有很多心怀黎民的好官，这时纷纷站出来，要和武金一道求皇上把这苦差免了。

皇上这天上朝，武金和众位官员给皇上上书，一齐给百姓请命。谁想，这皇帝老儿听了，脸登时拉了老长。那些平日里专好奉承皇上的官员，这时见势立即就给皇帝耳朵里吹风："圣上，您是金身玉体，金口玉言，征这么一点茶，打什么紧？偏偏这班人专爱多嘴多舌，这还有王法吗？"皇帝老儿的脸拉得更长了，就要发那无名之火。可是一看，朝廷上忠直之士跪了一大片，就是不起来。他们你呈我奏，口口声声都是为采茶百姓求情。那武金更是心真意诚，言辞坚决。皇上此时纵然满心恼怒，也难违众人，倒不如顺水推舟做个人情。于是，皇上龙袖一拂："免！免！"就退朝回宫去了。武金听圣上答应免了采茶差事，急忙谢过了众位官员，立即给州县传了皇上旨意。从此，井陉一带的百姓才免了茶税。

武金为井陉人办了一件好事。人们感念他的恩德，在玉峰山下建造了一座庙宇。庙宇一盖起，眨眼之间，只见庙的周围生出了数不清的连翘，一团团清香裹住了庙宇。每逢三月二十三和四月二十八，来烧香的人绵绵不断。此外，人们还从北关村到石桥头建了五座桥，好让武金往来。可惜，年长日久，由于风吹雨打，加上地震，庙宇现已无存。可是，那些连翘越长越茂盛，清香可闻，当地人曾作了歌谣，至今流传：

玉峰山，峭壁高，倒吊人头采连翘。摔死任百万，民疾谁知晓？进贡免，人欢笑。为报武金请命恩，峰下盖庙又造桥。

下寺塔的传说

玉峰山下，绵蔓河之畔，矗立着一座形状别致、构造精巧、无梁无柱、全用砖瓦筑成的古塔，俗称"下寺塔"。此塔临河傍水，每当旭日东升，阳光照射塔身时，塔影便逆光而出。"临河倒影"的奇异景色吸引着无数游客前来观光，优美神话般的传说至今流传

↑ 下寺塔——井陉古八景之临河倒影

在民间。

古时候，山清水秀的绵蔓河岸边，住着兄妹二人，哥哥青春年少，淳厚朴实，体格健壮，虎背熊腰，粗布蓝衫紧裹着突起的胸臂，浑身有使不完的力气。妹妹嫩芽妙龄，俊美的鸭蛋脸红扑扑的，一双水汪汪的大眼睛清澈晶亮，窈窕的身材健美端庄，给人以聪慧、善良、伶俐之感。兄妹二人生活清苦，无田地难以务农，无本钱不宜经商。哥哥凭着高超的泥瓦匠手艺，每日为庄民、官衙修房建屋，建楼筑庙。他建的房舍宽敞坚固，建造的亭堂殿阁，设计精巧，工艺精湛。妹妹练就一双纺纱织布、缝衣绣花的巧手，每日为他人缝制衣物。她织的布平整细腻，缝的衣合身合体，绣的图案色彩艳丽生机勃勃，绿叶露珠欲滴，花朵招蝶引蜂。兄妹俩的好手艺，百里山乡很有名气，再加上两人干活尽心尽力，远近庄户都愿意请他俩帮工做活。绵蔓河两岸洒遍他俩的汗水，足迹遍及绵蔓河两岸的大小村庄。

兄妹俩也同许多青年人一样，喜欢闹红火凑热闹，不时利用闲暇日赶庙进香，游山玩水，领略大自然的风貌，观赏山川名胜的丰姿异彩。一日，二人来到玉峰山春游，站在山顶向南眺望，山川风光尽收眼底。四周群山环抱之中，一座山孤峰高耸，白色的琳琅花盛开满山，仿若白雪，这就是雪花山。雪花山、玉峰山之间的大川之中是天长古城。城中房舍错落，树木茂密，郁郁葱葱。城北的显圣寺，殿宇高大，红砖绿瓦。寺内香烟萦绕，冉冉而升，十分壮观。绵蔓河像一条银色丝绢，轻盈、平静地由西顺川流下，绕过古城，擦过寺院，直抵玉峰山下，折东流去。城东一座十二孔石拱大桥横跨绵蔓河，桥上有一百一十二尊石刻狮像，千姿百态，神采奕奕，栩栩如生。沿河山路弯弯曲曲，农家小舍隐隐约约散居在半山绿荫之中。真是山水交融，风光无限。妹妹情不自禁地叹道："多美的景色啊!"哥哥轻轻地点了两下头，随后又轻轻地摇了一下头。"怎么，不美？"妹妹见哥哥摇头，逞强地说，"绿水青山，古城农舍，殿宇飞桥，这不是一幅天然的画卷吗！""画卷不错，只是寺院东侧临河之处缺少一座高塔。"哥哥目视远野，缓缓地说了一句。"啊！对！是缺少一座高塔！"聪明的妹妹，虽然赞叹眼前的美景，但总觉着景中还缺点什么，哥哥一语道破。她欣喜地说："高塔耸起，近与殿阁交相辉映，远与山峰遥相呼应，高中有低，低中见高，城郊的风光就更丰满更协调啦！"见哥哥没有说话，妹妹急切地说："景中缺塔，咱就造一座吧！""恐怕没时间了！"哥哥说。

妹妹知道哥哥说的没时间是因绵蔓河下游的庄户邀请他兄妹二人前去做活，他们也应许了，三五天就要起程。手头几样活还未完工，时间是够紧的啊！妹妹长叹了一声，感到心中的美景不能实现，很不是滋味，不高兴地噘起了小嘴。哥哥虽然嘴上说没时间了，但心中也很不平静。他思索着：作为一个匠人，只有用自己的匠艺和才华为大自然补缺增色，为乡民创新造福，才能心安理得，对天地无亏欠。哥哥微微扬起头，果断地说："紧赶工活，抓空备料，塔成人走。"

“真的？”妹妹转忧为喜，嘟着的小嘴绽成了一朵花。拉着哥哥的手，活蹦乱跳地向山下跑去。

第二天，兄妹俩利用中午和傍晚的工余时间，顶着烈日借着星光开始了备料。当地人明白了兄妹俩的意图后，主动帮助掘土运沙、和泥脱坯、挖窑砍柴、烧砖烧瓦。

这天黄昏，兄妹俩做完了庄民的活计，备齐了造塔物料后，来到绵蔓河东岸掬起清凉的河水洗脸，他们要用这河水洗去脸上的污垢，洗去连日来的劳累。

妹妹脸上布满愁容，惋惜地说：“明天就要到下游去了，这塔是造不成了!”

“能造，能造，塔成人走!”

“明天不走啦？”

“走，约定了日期，不能失信。”

“明天要走，什么时候造塔？”

“今晚!”

“今晚？”妹妹万没想到哥哥要连夜施工造塔，惊喜地反问了一句。

此时，哥哥两眼直愣愣地望着河对岸砖瓦堆积处，手悠闲地“哗儿，哗儿……”撩着河水，水珠漫湿了他半截衣袖。可是脑海中却在苦苦思谋着塔的形体样式，计算着层次和高度。妹妹的反问根本没有听见。

妹妹的反问并不要求哥哥再做回答，她清楚地知道哥哥是个一言既出，驷马难追的人。可她想，哥哥虽然有心造塔，但一夜的时间太短暂呀！为实现二人造塔的心愿，她用激将的口气说：“妹妹我一夜做成一双绣花鞋，哥哥你一夜造成一座高塔。一更起手，五更第一声鸡叫完工，比比谁的手儿巧。”

“一言为定!”哥哥胸有成竹地答应下来。

夜色降临，明月悬空。喧闹的尘世已平静，城楼钟鼓敲响了一更，妹妹关窗闭门，熨布料，剪鞋样，垫鞋底，搓麻绳；哥哥挽袖紧带，挖根基，打土夯，铺底石，灌泥浆。二更鼓响，妹妹纳好了鞋底，哥哥垒好了塔基。紧接着，妹妹捋绒线绣鞋面。巧手如梭，飞针走线。样从心中出，花在手中开。哥哥垒塔墙砌塔檐，立砖不吊线，卧砖平如水，双手挥舞，摔泥飞砖。三更鼓响，妹妹绣出莲花套牡丹，双蝶闹花群；哥哥垒到中腰，砌好两层飞檐。正在设计塔身四周浮雕图案时，一道灯影直射塔上，他扭头一看，微微一笑，举錾挥锤，将妹妹半开门扇依门窥视哥哥的生动情景雕在了塔壁上；四更鼓响，妹妹纳好了鞋帮，哥哥垒到了塔顶。这时，突然“咯儿——”一声鸡叫，引起四乡农家的鸡叫。哥哥心想：天色还不到五更，觉得鸡叫得很奇怪。他计算的时辰满可以垒好塔尖，再将粗糙的塔身做一番修饰。可是鸡叫了，不能违背诺言。他悔恨莫及，将剩下的一摊泥，在塔顶狠狠甩在塔下河中，迅速从塔旁的杨树上折下一根树枝插在塔顶。这根树枝，一是用来代替塔尖，二是羞辱自己是草木之材，三是以木为杖鞭策自己再求进取，掌握更纯熟精湛的技艺。

兄妹二人挑着行李，离开天长，沿着绵蔓河徒步向下游威州地带急行。他们来到做工的村头，这时，村里传出清亮的鸡叫声。哥哥诧异地问：“怎么这里的鸡才打鸣？”

妹妹“呵呵呵呵”地笑着说：“本来鸡才该叫呀!”

“怎么古城的鸡提前打鸣呢？”哥哥不解地问。

“那是妹妹我学了一声假鸡叫啊!”妹妹嬉笑着说。

“你呀!……唉！”哥哥把用树枝做塔尖并以此鞭策自己的话说了一遍，妹妹听后捶胸顿足，眼泪汪汪。

原来妹妹用比试本领的激将法刺激哥哥，但又怕累坏哥哥，当她倚门窥视时，只见塔身在哥哥足下节节上升，她心中踏实了许多。当四更天，她做好绣花鞋后，用手指扣破窗纸向外瞧看，只见哥哥汗流满面、精疲力竭地站在塔顶，误以为高塔已竣工。她心疼哥哥，为让他早歇手休息，灵机一动才学了一声假鸡叫，谁知却给哥哥带来不应有的损失和无尽的自我谴责，她后悔地扑在哥哥怀中，痛哭不止。

哥哥揩着妹妹的眼泪宽慰地说：“高塔落成，心愿实现，至于塔尖，天亮前就在这里补做，等返回古城时再盖上塔顶就是了。”

妹妹听说还能补救，与哥哥一同在河边的龙门寺又垒好了一个塔尖。

天亮了，古城边一座崭新的砖塔高高耸立，雄伟壮观。西斜的月亮可能是为给造塔人照明，等待塔尖筑起全塔完工；也可能是被这美丽、别致的高塔所吸引，太阳升起来了却忘记了沉落。因此，在阳光照射的同时，塔的东面也有清晰的塔影投射在河中。从塔顶甩下的那摊泥，已变成一块根深体固的礁石，任凭河水猛冲猛撞，礁石纹丝不动，水落石出。

高塔给天长增添了风采，也给人们带来鼓舞，乡民们仰望一夜间建造的古塔赞不绝口，敬佩着造塔人的胆识和高超的技艺。

从此在绵蔓河两岸留下了激励人的口头禅：

“绣花姑娘的哥哥，一夜能造一座高塔，你能吗？”

“造塔小伙的妹妹，一夜能做一双绣花鞋，你能吗？”

鲁班显灵造戏楼

大宋熙宁年间，北方金兵大举南犯，宋朝北方战事频频告急。北宋熙宁八年（1075）春，宋神宗赵顼御驾亲临，巡视北方，驻跸井陉。井陉县令陪皇帝到城隍庙祭拜，以保城池不失，百姓平安。祭拜之时，只见城隍面带怨气，目视前方，皇帝、丞相顺势一看，见对面戏楼，早已残破，庙坏墙倾，砖飞瓦碎，一片凄凉。丞相一旁奏曰：“戏楼如此景象，岂能为城隍唱戏，焉能保城池不失，百姓平安？”皇帝立即下旨，命井陉县令在年底之前，建一座样式新颖、建筑奇特、天下第一的戏楼。

↓ 城隍庙戏楼正面

↑ 城隍庙戏楼侧面

井陉县令接旨后，立即召集境内名师巧匠，绘设图样，多次奏请朝廷，屡被驳回。眼看中秋已过，限期将到，图纸尚未绘制，县令在衙内冥思苦想，也想不到什么好的办法。有一天，忽然听衙外有蝈蝈连续的叫声，格外悦耳。县令急忙走出县衙，只见一位须发皆白、红光满面的老者，提着蝈蝈沿街叫卖。人们拥过来争相观看，见他手中提的那个蝈蝈笼子，像一座戏楼，玲珑剔透，样式别致，众人齐喊“戏楼、戏楼”。县令向前一看，果真和戏楼一样，心想这不是戏楼的图纸吗？县令向老人拱手施礼道：“这蝈蝈笼子我买了。”老人说：“只卖蝈蝈，不卖笼子。”县令说：“买笼子，不要蝈蝈。”老人说：“你为啥只买笼子，不要蝈蝈？”县令说：“为了要笼子的样式，给城隍盖一座戏楼，为城隍唱戏，保百姓平安。”老人说：“我就把这个蝈蝈笼子送给你吧。”说罢，老人笑呵呵地把蝈蝈笼子送给县令，飘然而去。

县令把蝈蝈笼子带回县衙，交给工匠，反复琢磨，绘制图纸，报请皇上，圣上见此图样龙心大悦，下旨依样建造城隍戏楼。县令命工匠择日开工。如期完工后，县令择良辰吉日，主持为城隍唱戏祝贺。台上声音洪亮悦耳，台下声音低小混浊。县令心急如火，心乱如麻，赠蝈蝈笼子的老人又来到城隍西楼前曰：“戏楼旁开小窗。”霎时台上台下效果一样，县令急问老者何方人士，老者曰：“我亦鲁人也。”县令命衙役取物重谢，老人已不知去向。走后众人一怔，不禁豁然开朗，鲁，山东也，是鲁班显灵。

从此城隍庙香火旺盛，虽千百年来井陉战火从未间断，但城隍戏楼依然屹立在井陉大地，为城隍唱戏，保佑百姓安宁。现今太平盛世，城隍庙戏楼成为文化瑰宝，也是珍贵的历史文化遗产。戏楼为城隍庙中轴线上主要建筑之一，与主殿相对而建，面阔三间，进深三间。

葛仙炼丹

井陉山清水秀，大皇姑、二皇姑听说三皇姑在苍岩山修仙成道，也相继来到井陉，二皇姑占据了莲花山，大皇姑选定了天长雪花山。经多年修炼，二人也步入了仙境。

妙庄王宫中有一位姓葛的教书先生，年逾花甲，经纶满腹，他不忍目睹朝廷暴政，早已有跳出红尘之念，无奈身不由己。一天午夜，他在宫中摆出香案，口中念念有词，求三皇姑在天之灵救他脱离皇宫深院。三皇姑听到先生求诉，便命白猿神去搭救。于是，白猿变作一位道人，驾祥云到来，秘授葛先生仙符，当即驾云而去。

葛先生依道人所授之法，将衣脱下用绳吊于屋门，衣内有道人所授仙符，然后从后花园逃出。第二天，家人发现葛先生吊死，不知何故。妙庄王念其教书有功，命人厚葬，并安抚了家人。葛先生晓行夜宿不知何时来到苍岩山。三皇姑见到故人，大喜，整天与其谈经论道。一天先生求三皇姑帮他选山修炼，三皇姑授之仙诀，并赐他一匹健马，让他到天长之西北大台山修道。多年后，人们才知道大台山就是葛仙修道之处。

大台山，山高林密，为太行一峰，山分三个台阶梯形而上，每阶高约数十丈。第一台上有两个山洞，与苍岩山南北遥遥相对，洞内有两块巨石，像人的双瞳，双瞳每五百年转动一次，能观天堂十八层、地狱十八层。第二个台阶又高出百丈，其上苍松翠柏，郁郁葱葱。第三个台阶接近台顶又高百丈，长满奇花异草，芳香扑鼻。左侧有仙人石洞，曲径通幽，遥达半山的洞口，洞深数里，洞内石乳千奇百怪，飞龙走凤，美不胜收。洞内山泉叮咚，小溪常年不竭。仙人洞下面还有一个大洞，葛仙翁曾在这里养马，人称“圈马洞”，仙人洞顶高百尺，向上又通一洞，称“楼眼洞”，在此能远观千里之外景物。

葛仙翁收的门徒无数，修炼之余，在大台山炼丹采药，为乡人治病。修道之苦是常人难以接受的，渴饮山泉，饥食药草。他们曾

↓ 大台山仙人洞——葛仙炼丹处

炼出“顺气丹”“镇邪丹”“起死回生丹”“不老还童丹”等种种仙丹妙药。葛仙翁还常常云来雾去，与三皇姑谈经论道，其惠及乡里为人治病，三皇姑早已知晓，授之龙泉水，让其仙丹更增药效。

葛仙翁日日辛劳采集药草。有一年，当地百姓得了一种奇怪的传染病，大便为黑色，半个时辰即死。井陉三川九岭十八峪，七十个对子村，几乎都有这样的病人。三皇姑闻讯命白猿告知葛仙翁速想办法解救。

葛仙翁与其门徒日夜探查百草，尝试药效，终于炼出一种仙丹“百效解毒丹”。三皇姑将此药散于民间，终于解民倒悬之苦。黎民百姓感恩戴德，将苍岩山进庙上香的庙会确定为三月、十月，此两个月善男信女赶庙会进香者络绎不绝。

葛仙翁炼丹救命之事使得千里百乡的百姓纷纷来讨药，当时民间有一种叫“噎食”的病很难医治。葛仙翁决心试炼其丹。正逢甲子年是双眼洞转动之年，他算好黄道吉日，子夜到双眼洞焚香膜拜，只见双眼珠子滚动，放出万道金光，一种黄叶紫根的红花幻影一现，金光熄灭后，他记下了这种花样，从第二天开始每天寻找。一天在第三台他发现了这种花，但一接触手上一麻，立即出现红色小疙瘩，他用嘴一尝，当即中毒而亡。三皇姑念其炼丹功高，在仙人洞塑其金身，封他为“忠义佛”。

至今，大台山下以其姓命名的东、西葛丹村逢正月十六大台山庙日仍要登山祭奠，远近百里之内也有不少香客进香拜祭。

人世有代谢，往来成古今。每一个时代有每一个时代的精彩，每一个群落有每一个群落的生活。市井，是一个大舞台，也是一个大染缸。天长镇上古人的生活场景是什么样的呢？从商贸繁华之地走来，从集市到手工艺，从饮食到舞蹈，从戏剧到音乐，再到离我们生活并不遥远的戏院，去领略一下其中的精彩。

天长镇山明水秀，人杰地灵；风气淳朴，物阜民丰；战略关隘，四通八达。这里的人们不但能够完美地利用独特的自然条件享受甘甜的生活，而且眼界开阔，品味高雅，懂得经营，使许多特色产品享誉四方。

↓ 赶集

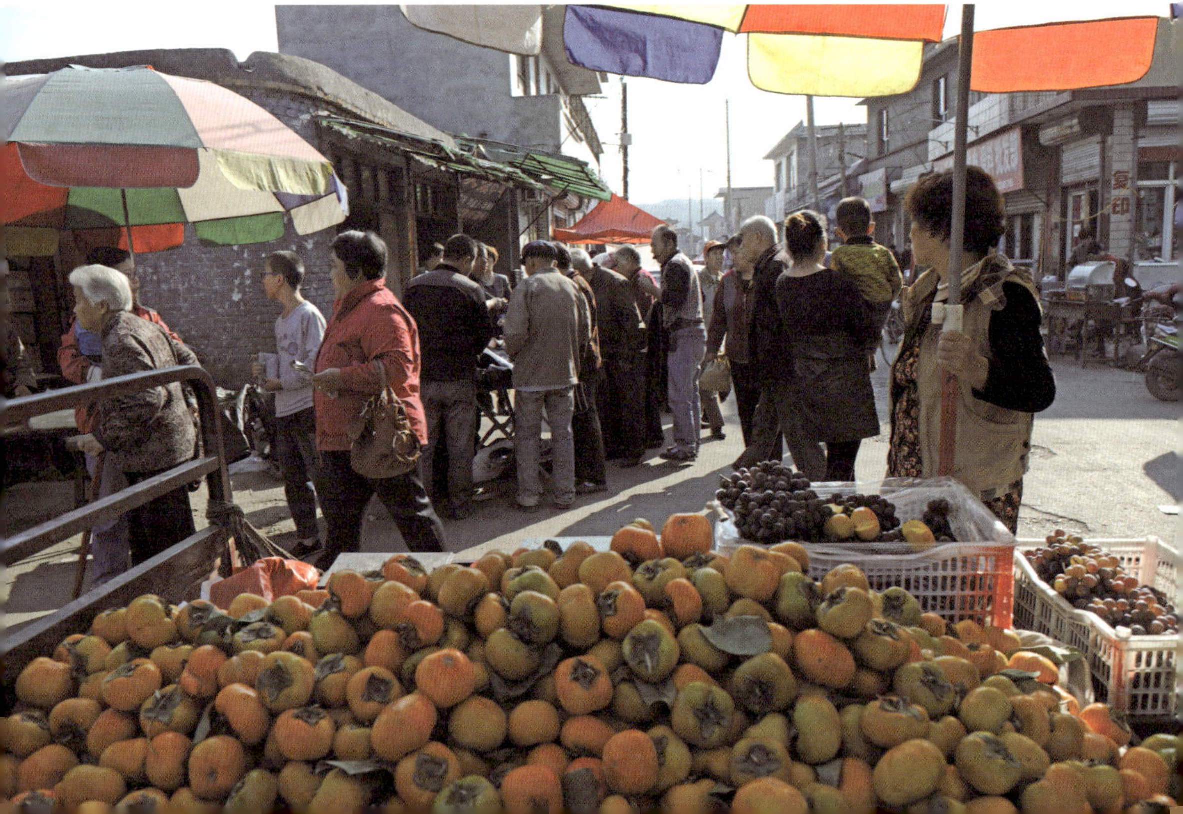

第六章 商贸繁荣物产丰

↓ 北关商业街

商贸集市富百姓

北宋井陉县治迁往天长镇后，因为是一座“兵城”，需大量草料、粮食和日用品，带动了天长一带农业、手工业的发展，加上便利的交通运输，带来商贸的繁荣。古驿道沿线都有集市，这是小生产者进行交易的市场，当时称为草市（即最初卖草料的专门市场，后发展为综合性商品交易市场）。最初，草市大都在城郊城门外，为临时交易之所，不如城内市场管理严格。天长古驿道旁一些草市后来形成了村落甚至乡镇。最初，天长镇就是宋代县城与乡镇形成的草市镇，历史上石家庄一带的石邑镇、慈峪镇、常山镇也都是。

宋代集市贸易发达，城市商业、服务业规模扩大，促进地区贸易进一步发展，井陉窑和定窑的瓷器、太原的铜器、并州的剪刀、山东的水果等都来往于天长至正定一带，军队所需的柴薪、蔬果也取之于民间，食盐、茶叶、粮草的买卖都促进了集市的繁荣发展。

城乡基层初级贸易场所就是集市，它不仅能调剂民众生产、生活的有无，而且是沿古驿道贩运商人集散商货必须有的场所。明清时期，传统集市逐渐受到重视，不仅天长镇设有“在城集”，而且在周边特别是三乡五里的驿路旁，形成不少“村集”。雍正年间《井陉县志》载，天长镇有“在城集”（雍正前），并分为东关集（逢八日）、北关集（逢三日）。届时井陉附近的商贩都来赶集，正定、宁晋、赵县、获鹿、平山等地的商贩都有，以至后来不少外籍商贩定居东关，买了店铺，由行商变为“坐贾”。雍正年间《井陉县志》有论曰：“井陉地瘠民贫，货物靡出，且五日一集，不过陶冶、农樵、布匹、菽粟，以为贸迁，从无商货之集。”

集市是三乡五里人们的超级市场，他们推销自己的山货和手工业产品，采购必需的生活物资，集市为人们生产、生活和消费搭起一座桥梁。

除商贸功能之外，集市也是多种文化的载体，多种民俗文化使之缤纷热闹，其更是信息传播中心。居住异地他村的熟人、亲戚，在赶集购物之际，可以为婚姻搭桥，可以将结婚日期或满月庆贺等信息传给远方亲友。集市的这些衍生功能，能使远嫁的女儿与母亲一叙衷肠，能使热恋男女感情升温，能使亲戚朋友隔段时间聚会交流，由此拉近了因城乡隔断的感情，使生活更有活

↓ 修理铺

↑ 街上的老店铺

力。这也是集市上经常有步履蹒跚的老人的缘故。

今天的城乡因交通便利，人们的眼界大大拓宽了，对商品求新求特，开始关注名牌款式及售后服务。消费水平的提高也促使城乡商业服务不断发展、完善。

老字号

民国时期，东关、北关商家铺面都喜欢为自己立字号，字号即店标，作用不仅标明行业，而且还区别同行业店家，其目的是在消费者心目中树立店家的诚信货佳形象，从而形成独家经营的性质。

↓ 端盛长老字号

如东关“福庆和洋布庄”就区别于同一道街的“三益丰土布店”。“仁泰公酒店”与“长聚源酒坊”经营的酒类也绝不相同。天长镇店家字号有这么几类：一是带姓氏为号，如“谭记京货铺”“李兰锁红果铺”；二是以主要商品或服务对象为号，如“同义兴京广百货店”；三是不同行业用字不同，如饮食行业一般以“店”“馆”为号，澡堂则一般以“池”为号，中药店一般有坐堂大夫诊病，一般以“堂”为号，如“兴源堂”。商业字号用字很有讲究，常用的有顺、裕、兴、隆、瑞、水、昌、元、亨、万、利、复、丰、祥、泰、和、茂、盛、同、乾、德、谦、吉、公、仁、协、鼎、光等，如天长著名的老字号端盛长。

↑ 端盛长点心铺的传承人一家

招幌

招幌，指商家常用的招牌和幌子。字号有的很抽象，而招幌必须醒目。招牌分文字和图画两种。如当铺门前大木牌书一“当”字，酒店前挂一“酒”帘。民国时期东关酒店前曾有“太白遗风”招牌，则更显高雅。药店则有“丸散膏丹，参茸饮片”招牌。点心铺前有“京式八件，京广月饼”招牌。牙医牙店悬一画了满口牙齿的布帘，则为图画招牌——这都是广告文化的前身。

幌子又称市招，是指挂在店门外写明店名的旗帜或招揽顾客的标志物，标示商家的经营内容。此俗在先秦时期已有，到民国发展到高峰。以天长商家店铺为例，可分为数种：

一是以商品实物作幌子。如皮麻店悬一束皮条长麻，杂货店悬挂一顶草帽。如今卖售修补轮胎店门前还挂一只轮胎。

二是以商品模型作幌子。如香烛纸张店悬挂一个木制红蜡烛模型、中药店门前挂铜制膏药模型。

三是以商品的附属物作幌子。如油坊挂一只瓶子，酒店挂一只丫丫葫芦等。

四是以人们传统熟知的暗示物作幌子，多为服务业。如澡堂门前挂只大红灯笼并以其起落表示营业与否，客店挂柳编笊篱，饭店挂罗圈。

店铺幌子是神圣不可亵渎的，平时不许落地，一落地即视为不吉利。早晨营业开门前要“请幌子”，晚上上板搭（门）前，先将幌子用长杆挑下来挂在门里。

市声

市声，即街市买卖喧嚣之声，特指卖家招揽顾客的吆喝之声，又称货声，一般分为三类。挑担到门前卖货者为货郎，修理手工类为手艺，换物者为商贩。各类货声不同，一类中因人而异又各有不同。有的声音震耳有精神，有的声音则又懒又长，像是说梦话，还有的连叫带唱，生怕人听不见。锢漏锅的武安人喊出来这味儿：“拐……锔锅咧钉锅哟!”他们的声音虽不好听，但好像有无穷的魔力。货郎的叫卖声一起一落，胡同里的小孩子们先是精神一抖，便向大人要钱去买。叫卖声想让隔墙隔院屋里的人听得见，必须在遣词造句发声上下功夫研究，甚至把词断开。比如北关有卖杂面条的这样喊："称啊——子啊（杂）面——噢！"有磨剪子的这样喊："磨——剪子嘞——戗——刀哟！"炸油果子的赶完集剩着的油果子卖不了，天已不早，就扛着油果摊串胡同，这样吆喝："卖油果子喽！"而集市上摆摊的小买卖也各有其招。卖蒜的常糅着平山话喊："谁说捎来，紫皮辣蒜，两块钱一辫儿。"卖针的南方人本小利薄，却特会吆喝："买上一裹，再搭上一个，再搭上一个，再搭上两个。"把人招来一圈后，更拿出看家把戏，唱起他的七言律诗或西江月，其词雅俗相间，其曲似曾相识，加上外地口音偶尔才能听清一句，往往围观的人很多，买针的却不多。这时卖针者将一把针一枚一枚投进嘴里，也不误说唱，像变戏法似的，然后再一枚一枚地取出，顺手一扎，直直落在一个满是针眼的小木板上，并形成一个图案，围观的人更多了，也能有几个买户光顾。

代声

市声中还有一种"代声"，虽不如人喊自如，但更加响亮。北关磨剪子的用的是洋号，因为是独此一家，所以在大街上一吹，胡同里的人家便拿着要磨的刀剪循声而来。而卖针线料的货郎小贩多数摇拨浪鼓，腊月卖糖瓜的敲着小堂锣，更是孩子们十分关注的。

市声纯粹为地方语言加个性化语言配上简单的音符，这是记录时代生活需求特定的"音乐"，通过时空的穿越，揭示了人们由"口腹"需求到更丰富多彩的生活追求。叫卖声是古老的最贴近生活的一种艺术。市声加上乐器伴奏，变成了乐歌。宋、金、元时期，不少曲牌实际上就来源于"诸色歌吟卖物之声"。南宋的

“叫声社”甚至与文人士大夫的“西湖诗社”同为名噪一时的文人团体。北曲曲牌中甚至直接命名“卖花声”“红芍药”“石榴花”等，都来自集市之声。南曲中的“货郎儿”更起源于行商挑担小贩的“市声”。编入戏剧曲牌中的“包子令”本源于店小二报菜名的唱词，可见叫卖声历史的久远。

字号、招幌、市声等都是成熟的商业文化和市井文化。作为一县之商业中心，这里的居民多数不习稼穑，却善经营，而且多半是外地人长期经商或从事艺匠营生，甚而世代定居于此的，他们由商旅贩运而使这里互通有无，推动了天长以至井陉全境的经济文化交流。今天的天长商家仍在增添着异地前来的从商人员，他们的事业被注入了更多的人文内涵和新的社会经济价值观。他们将沿着具有跨时代意义的商旅之途，为天长经济谱写新的篇章。

张家商铺

天长古城北关大街是古驿道必经之地，是明清以来县城北面的主要街道。它与东关街呈丁字形，被称为丁字街。街面商户铺店，鳞次栉比；茶楼客栈，随处可见；人流熙攘，热闹非凡。

保存下来的古代商铺尚有张家商铺三所。位于丁字街顶端不远处，街西面两所接壁相邻，与另一所隔街斜北相望。三所之中，历史最为久远，古代状貌又保存整体完好当属最南端一所。

该商铺建于清代乾嘉年间，距今有二百多年历史。其铺院布局为典型的明清四合院。正堂与临街各五间房，东西厢房各三间，上下间有明堂相隔，两两相对，四合闭封，俨然与世隔绝的井院天地。进入铺院望去，高房敞屋，雕梁立柱，青砖垄瓦，流檐垂脊，庭堂台阶，古朴典雅，具有当地商铺特有的格局。临街做铺而挎带门楼，即五间临街。角隅一间为门楼，一边四间为铺面，铺面由板搭套接为门，中间陈设铺柜和货架。转过货架后面屏风，即可进入院内。门楼修建造型美观，结构坚固。砌有主门石墙，坐门石墩，登门石阶。黑漆大门，厚重严实，配以铁兽节环，显得气派森严。门洞前为青石打磨而砌筑的高台石阶，石墩石墙雕刻出各种景物画图，画面质朴生动，雅趣传神，这一切表现了古代砖石结构建筑的精湛的工艺水平。另外两所商铺同样是临街商铺挎带门楼。不同的是入门为两进或三进的庭院，重门迭屋，层院入深，廊轩迴绕，曲径通幽，是与接壁一所隔街相望的建筑。建筑年代稍晚，应是晚清时候所建，而石砌窑洞式瓦房明显为民国时候的建筑。张家商铺院舍还有一个鲜明的特点，即在建筑的墙体上布有各种图案花纹的砖雕。这主要是在房屋山墙和山墙纵面檐垛和檐脊上打磨雕制。雕刻的内容有篆字的“寿”“福”“禄”“禧”“祉”等字样。另外还有动植物图案。植物图案有竹、梅、莲、牡丹，表示家庭福祉、吉祥、富贵；动物图案有蝠、鹿、鹤、鱼，象征福祉、官禄、长寿和有余。砖雕图案形象生动，精致美观，耐人品赏。另外，在门楼楣额和椽头绘有彩画，如鱼跃龙门、连年有余等，表现了房主人的心愿和情趣，增加了院中的色彩和气象。

张家商铺展现了天长古城北关大街古代店铺的风貌，表现了古城深厚商贸文化积淀，是井陉天长宝贵的文物古建筑之一。

↑ 雅石

↑ 雅石

名优特产好手艺

雅石盆景

人们在赏石过程中发现自然岩石上承载的诗情画意，并对其文化内涵进行挖掘。雅石之“雅”在于其欣赏性和可交流性，因此人们称之为“清供雅石”。天长自古文人雅士较多，“室无石不雅”也成为文人共识。科学之石是冰冷的客观对象，艺术之石是融入欣赏者文化积淀的活生生的精灵。雅石把人带入了一个形象再创造的空间。

天长因河水冲刷形成一种泉华岩层，俗称“上水石”。它深埋绵蔓河河床沙层之中，因千年万载吸取绵蔓河水的精华而具备了渗透水分的功能，所以天长人经常用它制作盆景，形成了一种特殊石质的雅石盆景艺术。

优质上水石玲珑剔透，遍体石孔管线，又如蜂窝，形异质感强烈，将其放入浅盆之中，加水少许，就可吸至遍体淋漓，其上植花草植物，因不缺水分可常年碧绿，生机盎然。上水石因深埋河床至少四五尺以下，平常不太容易挖到，绵蔓河畔居住的人们，有心者在洪水泛滥之后的季节常在河边捡到，但大块仍须向河床下索取，所以

↑ 上水石盆景

外地常有喜藏石者到天长居民家求购。雅石必有托座，按其最佳位置角度托立起来，以增强主体形象的态势，烘托主题。天长上水石因其下必须有水，所以要配以能盛水的陶盆、瓷盆。上水石要适当布以绿苔藓及细小草籽，几天后可长成草苗，不同草苗经常更换则可几天一景，所以这种雅石盆景是最具动感的。一杯绿茶，一卷闲书，一盆雅石加上好心情，真可以玩出情趣，起到“见性”与“见情”同步的作用。

梁洼砂锅

梁洼是天长镇古驿道上的一个小村，历史上以盛产砂锅、砂盆而知名。天长一带过去有一段顺口溜：“一上河东坡，看见梁洼窝，老婆扇风厘，汉子捏薄锅，孩子啼哭叫，扔个泥圪垛，要问为什么，为了度生活。”由此可见过去村民的贫苦和制作砂锅赚钱的不易。作为天长人历代惯用的砂锅，是熬粥炖菜的主要炊具，它比金属炊具做出来的饭食味更纯正、鲜美，用它生豆芽不烂根。砂锅还是煎中药饮片必备的器皿，且价格便宜，在井陉附近的几个县很受欢迎。

梁洼砂盆和砂锅是同一类陶土炊具，只是砂锅为尖底大肚，比金属锅稍深；砂盆为平底广口，一套是七个，大的直径尺半，最小的五寸，盛菜、生豆芽、盛粮食、养花都可以。梁洼地处山乡，土地瘠薄，农民得不到温饱，于是就有了祖传捏砂盆的手艺。砂盆制作的原料为当地的矸石和炉渣，二者粉碎过筛，按比例混合和泥，拍成薄片，放模具之上拍实，蘸水抹光，晾干，放炭火上烧制，火候全靠眼力。砂锅原料只用矸子粉，如需精细，还刻上雕花，烧前涂层白矸粉，成品则更光滑，敲起来清脆悦耳。

中华人民共和国成立后，梁洼砂锅、砂盆制作人大大减少，凭捏砂锅、砂盆维持生活的时代一去不复返了。而有的人偏爱用此砂锅炖肉或炖菜。随着天长的旅游业发展，纯手工制作的砂锅已被列入开发项目。

精工旋木

“三家店的棒槌”是井陉家喻户晓的精工旋木。天长镇三家店地处秦皇古驿道，村坊不大，历史上却几乎家家会旋剔木器。清代，在太原开化寺就有三家店人开的精工木器店，并以旋艺精湛而驰名山西。旋艺高超的传人很多，但随着时代的推移，现代化生活器具的换代频繁，旋制木器逐步淡出人们的生活而进入收藏品的行列。

齐贵生是旋艺传人中技艺高超的艺人，一生以旋制木器为业，并刻苦研究旋艺，寒暑不辍，使其祖传二十余代的旋木技术达到了炉火纯青的境界。他旋制的木器及工艺品，素以规矩、光滑、形美、平稳、精致而闻名。

旧时旋木器具主要是一台木制旋床、拉弓、旋刀、糟刀及大小钻等。旋制的物品有生产用具和生活用品。如捻线锭子杆，碾火药的药木球，打鸡蛋用的分离蛋桶，制月饼的走锤、月饼模子，以及馍馍模子、锤子把、镰刀把、锉刀把，木匠用的钻杆、牲口用的套棍、吹奏乐器唢呐管等，还有作为工艺品的棒槌、丫丫葫芦、鼓槌及各种模型。

齐贵生之子齐俊杰、齐俊明秉承父教，以传统工具与现代旋床相结合，技艺大有青出于蓝而胜于蓝之势。他们旋制的物品兼具实用、审美特色，备受市场青睐并被收藏界人士看好。

绵河水磨

天长一带的群众利用绵蔓河的落差，以水为动力建造水磨，加工粮食。从唐、宋、元、明、清、民国时期到现在，经过一千多年的发展，天长成为周边水磨加工粮食的重要基地。

水磨多建在河的岸边近侧，筑堰集水为动力。选定地址后，砌建石洞，洞上为层，制作圆形木轮（现代有铁轮），平置洞下，轮轴直通屋内。轴的上端平擎石磨两扇，一上一下。水由洞旁流入，经过木槽直射入轮的边缘，轮被水冲击，不停地旋转。石磨的上

↓ 绵河水磨坊

↑ 绵河水磨

扇用铁链紧缚在木桩上，控制上扇不动，只让磨的下扇旋转。所磨的东西由上扇徐徐流入石孔内，经过石磨的摩擦，成粉即出。有的磨坊修建得与民房一样坚固，一年四季运转，有的磨坊只用草秸木栅临时搭建。每年立夏前、立秋后运转。

中华人民共和国成立后，天长有14户较大的水磨作坊，有的自己经营，有的联合经营。现在还有五户水磨，主要加工荆棘制作香面，延续着水磨加工的历史。2009年，绵河水磨被列为省级非物质文化遗产。

水磨歌

滔滔滚滚清泉咽，水势下注喷晴雪。
水轮相搏声忽高，飘风骤雨飞惊涛。
轮旋磨转无休息，水力毕竟胜人力。
锦溪源发娘子关，其流蔓延入平山。
沿溪上下数十里，中多水磨为生理。
修堤结屋引清泉，昼夜不舍轮旋旋。
智者创物类多巧，马牛无事相推牵。
人言湍急地脉散，堪舆家说徒汗漫。
我云湍急盖有因，相地作磨宜居民。
水哉水哉其利弊，下灌稻田上溉圃。
山可观兮海可俯，尽堪裕国便农贾。

特色美食待宾朋

天长镇在民国时期农业人口较少，城关居民多数都有收入而不依靠种地为生，所以饮食方面与井陉其他地区稍异。天长三乡五里之外的居民，每逢集日扶老携幼赶集上店的人很多，他们选择的中午饭常是这样几种：

年轻人多数选择吃扒糕（夏天再加块凉粉），不再吃主食，称之为“垫补一下”。

一般人要吃油果烧饼再加一碗粉条菜。想解馋的人冬天赶集中午往往要吃一碗“杂骼”，即用猪羊的肺、肝、肠、肚等下水，洗净后精心熬制的杂碎汤。逢集日商贩支大锅一直在火上熬，一边盛一边添熟料，汤不落滚，热气腾腾，香气四溢，喝一碗就冒汗，既驱寒保暖又温肾补身，随到随吃，无须等候，实在是物美价廉的营养快餐。

天长的商家小贩为满足百姓的口味需求，多半街道都是食品小吃。城壕街有许永宏卷子坊、端盛长糕点店、方四保熏肉铺、瞎老一烧鸡铺、黄三合饭铺；东关大街有吴三油果便饭铺、素饭铺、大馆子、李兰锁红果铺、仁泰公酒店、吉成永酒坊、裕兴居糕点鲜货店；北关大街有赵家油果铺等。至于醋李的米醋，三泉涌的陈醋，广义的蜜果、麻片，裕兴居的干鲜果品，仁泰公的二锅头，老油宋的小磨香油、芝麻酱，聚兴缘的调味品花椒、大料、油面酱，都是天长镇有口皆碑的产品。瞎老一的卤煮鸡，方四保的肉，霍更子、黄丑子的豆面清水饸饹，田小的羊肉白汤杂，倍小的柿子面油酥烧饼，卢四成的锅面粥，李兰锁的松紧果丹皮，卢三义的不粘牙的冰糖葫芦、扭丝梨膏，齐得才的炕烙脆枣，杜三子的水炒鸡蛋，等等，也都是天长独一的风味，像名厨师郝堂的八宝素席等就更有名了。

天长商户摊贩多数讲诚信，也有质量低劣的，常言道，人眼是秤。民国时期东关大街流行的顺口溜就有“锁子的油果两张皮，景子的面粥喝不得”。

天长大集是每月逢三排八，外地商贩多云集于此，叫卖唱卖的市声此起彼伏，赶集的人山人海，一直到太阳落山甚至夜幕降临。丁字街、城壕口、毕家栏口、栅栏门一直到大石桥等闹市口，明光烛影，水炒鸡蛋、豆面饸饹、荤素包子、熏肉火烧、细丝拉面、刚下笼的煮鸡、烧饼、麻花、糖梨瓜果等，风味食品一应俱全。

假肉

系用温水和面，加入盐、五香粉及少量甜酱，和成硬面发酵后，将面团切成麻将块大小，上热油锅炸制而成。用这种“假肉”熬粉条做成的菜，有肉的五香味而不油腻，老少皆宜。

饸饹

商家中午吃饸饹的较多，生意人一个商店七八个甚至十几个伙计，吃饸饹方便，随轧随吃，而居家者人口少的吃一顿，刷床子太浪费不合算。

面筋

又叫面菜，将豆芽和入面中，并加花椒和大料粉、盐，将面团放笼蒸熟，切成小块热油炸过，趁热装盘食用，咸香爽口。

云头馔肉菜

云头制作同“假肉”，只是和两种面团：白色面团和加红糖的红色面团。面团均成薄饼，叠在一起卷长条柱形约两厘米，切成椭圆形片，油锅炸出备用。肉菜制法如下：先切好肉片、鲜菜，然后加入到熬好的粉条菜中，最后放入云头。制成的菜甜咸适中、味厚而醇、营养丰富。城中寻常百姓请客坐席必有此菜。

抿絮

天长人午饭常吃一种“抿絮”，原料为小麦粉加绿豆粉或少量玉米粉和成湿面团，用特制的抿絮锄在抿床上推面团，煮熟捞出浇卤汤即可食用，是谓“干吃”。煮抿絮时加入些叶菜，再用油喷葱花带汤食用，谓之“一锅熟”。

撅片儿

将和好的面擀成薄饼状，切成2厘米宽的条，等锅里水开了将宽面条撕断成片，煮熟即食。

闲食

用水磨面或玉米面加白面，掺入小葱（或韭菜）、花椒叶、萝卜丝、西葫芦丝等，用水搅成稠浆，在煎盘上推烙并加盖焖熟。食用时可蘸蒜泥，香软适口。

厚煎饼

又叫饼折（音“栽”），用稷米面掺少量玉米面发酵，加水调成稠糊状，摊于抹了食用油的饼折鏊子上盖上盖子蒸烙。熟后底部焦黄而暄软，因此也叫胖煎饼，味香可口。

推窝窝

原料为小麦面或山药面，开水泼面，捏成饼子状，用笼锅蒸熟，趁热在平板上以手推成长条微卷的片，上撒葱屑及芝麻盐，卷成细卷，再上蒸笼蒸，蘸蒜食用。

狗舌头

将烙饼的面擀成椭圆形比手掌略小的饼，在小煎盘上烙制，老少皆可食用。

煎锅条

将和好的面团切成剂子，擀成薄饼，包上调好的肉馅，做成长方形馅饼条，先炸后煎，外焦里嫩，香鲜适口。

煎饼

制作时把小麦、玉米、绿豆和稷米按一定比例搅拌，用清水浸泡一昼夜，然后捞出，用小石磨磨成糊粥状，适当加盐、花椒粉等辅料，在直径20厘米大鏊上，摊煎而成，蘸甜酱、裹大葱而食，或泡食、炒食均可，美味可口。

扒糕

用荞麦面加水熬成灰色糊状，晾凉，蘸蒜即可食用。

黄子玄糕

以稷米或小米面，用酵母发起摊于笼篦上，蒸熟，切成长方形即可食用。此食物俗名为黄子，或名为玄糕，黄子指颜色，玄指质疏松。

烤糊

小麦置之锅内，用大火干炒之，令其变色，磨为麦粉，掺入清米粥于锅中，随掺随搅，待锅沸后，即成微红色之糨糊，此糊色美味香。

杂面

把绿豆磨成豆粉，配少量的黄豆（去皮）加小麦，掺水搅拌，磨成细粉，和成硬面，制成面条，晒干即可。此物色泽深绿，长如拉面，柔而有力，滋味独特，妙不可言。

咸食

玉米面或白面，掺入小葱、韭菜或细菜叶、花椒叶，适当加水搅成糊状，摊于煎盘内，加盖蒸烙，多加油，做成咸食，熟后蘸醋蒜食用，香软味道适口。

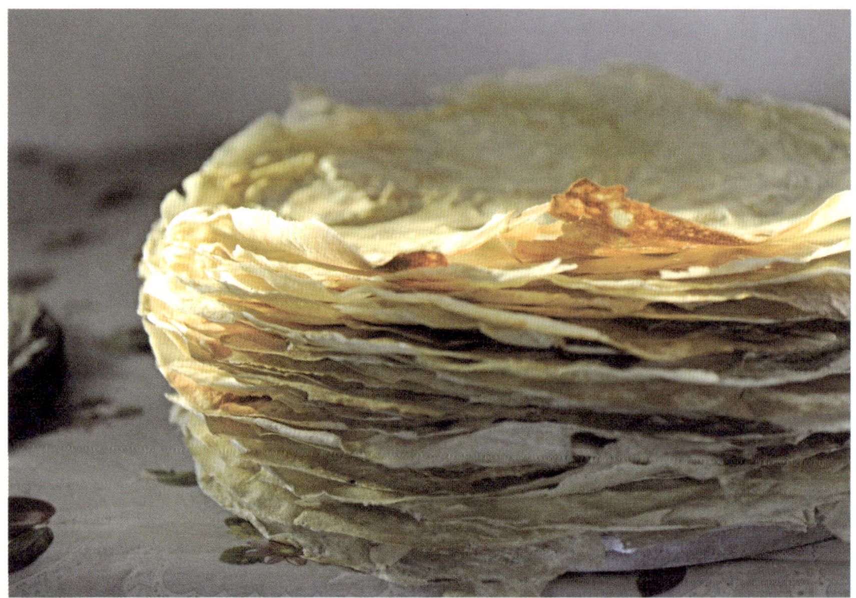

↑ 煎饼薄如纸

↑ 卖杂面

老字号“端盛长”月饼

老字号“端盛长”的月饼，已有百年盛誉。

于银柱是“端盛长”月饼的传承人，其上三辈都是做月饼、做点心的，从小就耳濡目染。其父于德荣曾是县食品厂做月饼的专家。他们一直沿用祖传下来的手工技艺。当地人说到买月饼，就去“端盛长”，因此货不愁卖，销路畅通。

于银柱生于1947年，继承了祖父于来喜、父亲于德荣的传承技艺，又去北京稻香村拜师学艺，在用料不打折扣、手工原生态的基础上改进烤制的炉子，烤出的月饼不添加任何添加剂，口感适合大众的口味。每逢月饼烤制期，周边来购买的乡人络绎不绝，将它们作为礼品送给亲朋好友。

↓ 端盛长月饼点红

↑ 端盛长老师傅打月饼

↑ 端盛长刚出炉的手工月饼

↑ 端盛长刚出炉的月饼

“端盛长”月饼呈圆形，周围带有花边，味美量足。按大小分直径9厘米、厚度2厘米和直径15厘米、厚度2厘米的两类。

工艺制作流程主要有五个步骤：配料—搅拌—成形—烘烤—包装。

配料：按比例称量面粉、花生油、糖、糖稀、果仁和蒸面、筛面。搅拌：分为皮料和馅料的搅拌。皮料搅拌是将糖、糖稀等搅拌化开，然后加入花生油、面粉搅拌。成形：先将皮料揉搓、切块、称重，然后将皮料用“走槌”擀成面饼，再用“定碗”将馅料称重后放到面饼里，慢慢将馅料揉进去制成饼坯，后将饼坯放入木模中揉按均匀，最后将其从“木模”里砸出，月饼就定型了。烘烤：将月饼整齐地摆在烤盘上，将烤盘放入炉膛的空心铁皮上看时间进行烤制，大约30分钟后，月饼就出炉了。包装：出炉后的月饼凉置上20分钟后，将其包封。

于记“端盛长”月饼，经历几

代人、长达百年的传承，形成了色鲜香酥、甘而不腻、松而不滞、绵软细腻、松酥利口、风味香甜、营养丰富的特点，享誉井陉县以及周边县市，是货真价实的百年老字号。

创始人：于端，于瑞；

第一代传人：于二泰，生于1874年；

第二代传人：于来喜，生于1894年；

第三代传人：于德荣，生于1914年；

第四代传人：于银柱，生于1947年；

第五代传人：王海亭（于银柱之女婿），生于1975年。

缸炉烧饼

以缸作炉，炉里烧火，烧熟面食的饼。北关缸炉烧饼以焦脆、鲜甜、奇香而著名。此烧饼存放半月既不返潮，也不变硬，油不外浸，新鲜度高。

原料为白面、油、白芝麻等，白芝麻要脱皮。烧饼和面，是用一个竖帮厚底的黑釉大瓷盔，新鲜的井水，掺了青盐，白面经过筛子过筛，慢搅细翻，横按竖压成面团，然后打饼，将面团放在桃木大案板上，用枣木小擀面杖，反复擀轧成型。放在泥细如凝脂，捎带金刚白沙的缸炉中，直烧或燎烤成烧饼。

北关缸炉烧饼，闻名遐迩，享誉周边。

↑ 北关缸炉烧饼

↑ 北关缸炉烧饼

参考文献

[1] 杜慎庭.唐宋古城天长镇[M].石家庄：河北美术出版社，2012.

[2] 井陉县志编纂委员会.井陉县志[M].石家庄：河北人民出版社，1986.

[3] 井陉县志编纂委员会.井陉县志[M].北京：中国文史出版社，2011.

[4] 马信，郝雅琼.井陉文化论坛[M].北京：中国言实出版社，2012.

[5] 马信.井陉传统村落[M].北京：中国文联出版社，2015.

[6] 蒲月英.井陉饮食文化[M].石家庄：河北美术出版社，2012.

[7] 政协井陉县委员会.井陉历史文化[M].北京：新华出版社，2004.

后记

2014年6月接到中国民间文艺家协会通知，要求各地文联立即开展中国传统村落立档调查工作，我们及时向井陉县委、县政府主要领导汇报，时任县委书记田耀筠非常重视，给予关心和鼓励支持，县文联迅速发动县民间文艺家协会、摄影家协会、离退休老干部老教师及亲友成立了井陉县传统村落立档调查志愿者工作队，又迅速发动乡镇村在各村成立了调查小组，县村志愿者工作队和村调查小组，先后分别调查了76个村落，天长镇作为历史文化名镇，其城区三村城内、北关、东关作为首批中国传统村落，是重点立档调查的村落。

2014年7月开始，大家进村入户，实地调查走访，一线拍摄收集资料，烈日酷暑，热情无限，大家都是一个目的——抢救，把我

↓ 旧屋石墙

们生活过的古老村庄记录下来，那些老树老街，那些老井老屋，那些老人，那些稍纵即逝的众多的散落的物质文化遗产、非物质文化遗产，一砖一瓦，一草一木，都是被调查的对象。大家起早贪黑、顶风冒雨、披荆斩棘，一路走来，从未间断，也不计报酬。我们所做的一切，是兴趣，更是责任。留下记忆，记住乡愁，便是行动的意义所在。一年过去了，大家完成了规定动作，又大大超出了规定动作。

2015年12月，接河北省民间文艺家协会通知，要求编纂“中国民间文化遗产抢救工程”《中国历史文化名城·名镇·名村丛书》，我们立即整理书稿上报。

河北省民间文艺家协会主席郑一民、驻会副主席兼秘书长杨荣国等省民协领导专家对书稿的编撰尤其是章节的设置进行了专业指导，对本书的出版给予厚望和鼓励支持，在此敬礼并致谢！

我们的宗旨是，力求真实、客观、全面地反映和展现天长镇的历史风貌和现状。井陉天长，像一位老态龙钟的老人，承载了大量的历史信息，但由于村中知情老者的相继离去，大量有价值的信息缺失而无法再搜集到，难免遗憾。调查的工作我们会一直做下去，再提高，再充实。书中不妥之处，谨请批评指正。

编者

2021年7月

孔庙古柏

图书在版编目（CIP）数据

中国历史文化名镇．河北天长 / 中国民间文艺家协会组织编写；潘鲁生，邱运华总主编．—北京：知识产权出版社，2022.5

（中国历史文化名城・名镇・名村丛书）

ISBN 978-7-5130-8084-2

Ⅰ．①中… Ⅱ．①中… ②潘… ③邱… Ⅲ．①乡镇—概况—井陉县 Ⅳ．①K928.5

中国版本图书馆CIP数据核字（2022）第108218号

责任编辑：宋 云 赵 昱　　**责任校对：**王 岩

装帧设计：研美文化　　**责任印制：**刘译文

中国历史文化名城・名镇・名村丛书

中国历史文化名镇・河北天长

中国民间文艺家协会 组织编写

总 主 编 潘鲁生 邱运华

本卷主编 何克宁 马 佶

出版发行：知识产权出版社有限责任公司　　**网　　址：**http：//www.ipph.cn

社　　址：北京市海淀区气象路50号院　　**邮　　编：**100081

责编电话：010-82000860转8388/8128　　**责编邮箱：**songyun@cnipr.com/zhaoyu@cnipr.com

发行电话：010-82000860转8101/8102　　**发行传真：**010-82000893/82005070/82000270

印　　刷：天津市银博印刷技术发展有限公司　　**经　　销：**新华书店、各大网上书店及相关专业书店

开　　本：720mm×1000mm　1/16　　**印　　张：**13.5

版　　次：2022年5月第1版　　**印　　次：**2022年5月第1次印刷

字　　数：168千字　　**定　　价：**80.00元

ISBN 978-7-5130-8084-2